Hans Karl Adam

Schnell und fein mit Blätterteig

BLV Essen & Genießen

Hans Karl Adam

Schnell und fein mit Blätterteig

CIP-Titelaufnahme der Deutschen Bibliothek

Adam, Hans Karl:
Schnell und fein mit Blätterteig / Hans Karl Adam. –
München; Wien; Zürich:
BLV Verlagsgesellschaft, 1989
 (BLV Essen und Geniessen; 557)
ISBN 3-405-13635-0
NE: GT

BILDQUELLEN
Deutscher Brauer-Bund e.V., Bonn, Seite 51
C.P. Fischer, Fotodesign, München, Seite 55
Homann, Lebensmittelwerke, Dissen, Seiten 27, 82
Info Bananen/Komplett-Büro GmbH, München, Seite 46
Langnese-Iglo GmbH, Hamburg, Seiten 2/3, 6/7, 31, 35, 39, 43, 59, 63, 67, 71, 75, 78, 79, 83, 87, 91
G. Poggenpohl, Fotostudio, Peiting, Seiten 19, 22/23, 47

Umschlagfoto vorn: Pete A. Eising
Umschlagfoto hinten: Iglo-Langnese

Zeichnungen: Waltraud Berger

BLV Verlagsgesellschaft mbH
München Wien Zürich
8000 München 40

BLV Essen und Genießen 557

Das Werk einschließlich aller seiner Teile ist urheberrechtlich geschützt. Jede Verwertung außerhalb der engen Grenzen des Urheberrechtsgesetzes ist ohne Zustimmung des Verlags unzulässig und strafbar. Das gilt insbesondere für Vervielfältigungen, Übersetzungen, Mikroverfilmungen und die Einspeicherung und Verarbeitung in elektronischen Systemen.

© 1989 BLV Verlagsgesellschaft mbH, München

Satz und Druck: Appl, Wemding
Bindung: R. Oldenbourg, München

Printed in Germany · ISBN 3-405-13635-0

ZU DEN REZEPTEN

▷ Alle Rezepte sind, wenn nicht anders angegeben, für 4 Personen berechnet.
▷ 1 Packung TK-*Blätterteig* = 300 g mit 5 Scheiben, à 60 g.
▷ 1 Packung TK-*Vollkornblätterteig* = 450 g mit 5 Scheiben, à 90 g.
▷ Den Blätterteig vor der Verwendung vorschriftsmäßig (siehe Packungsaufschrift) auftauen.

Verwendete Abkürzungen

TL	Teelöffel
EL	Eßlöffel
g	Gramm
kg	Kilogramm
ml	Milliliter
cl	Zentiliter
l	Liter
(1 l = 100 cl = 1000 ml)	
TK	Tiefkühlkost

ZU DIESEM BUCH

Im Leben einer kochenden Hausfrau gibt es täglich eine Frage, nämlich: »Was koche ich morgen?« Darauf eine rasche, preisgünstige, heitere und bequeme, ja beinahe mühelose Antwort geben zu können, dazu will dieses Büchlein beitragen.

Der Blätterteig verbindet uns mit der Tradition, die überhaupt nichts mit Stillstand oder Verschlafenheit zu tun hat. Denken wir an den legendären französischen »Erfinder« dieses Teigwunders mit der lebendigen Gegenwart: Es gibt heute neben den bekannten Blätterteigen bereits Vollkornblätterteig aus der Tiefkühltruhe. Da fast alle Haushalte über Tiefkühlmöglichkeiten verfügen, können dort auch stets einige Packungen Blätterteig griffbereit darauf warten, daß daraus innerhalb von 25 Minuten ofenfrische, duftende Köstlichkeiten auf den Tisch kommen.

Schon beim Überfliegen des Inhalts wird klar, wie erfrischend vielseitig die Verwendung von Blätterteig ist. Gemüse, Obst, Fisch, Fleisch und ihre Mischungen, in Blätterteig eingebacken, mal herzhaft, mal süß, unter der Teighaube Verstecktes, die Palette der Pasteten und die herrlichen, schnellen Leckerbissen aus der Backstube. Das bisherige Küchenprogramm läßt sich damit ungemein erweitern. Die Arbeit damit geht flott, und bei einiger Übung steht bald fest, was auch hier Form und Inhalt bedeuten.

Entdecken Sie diese schmackhafte, knusprige Welt!

Hans Karl Adam

6 Inhalt

Inhalt

Einführung 8

Blätterteig – das Wunder unter den Teigen 8
Grundrezepte für selbstgemachte Blätterteige 9
Tiefkühlblätterteig 15
Vollkornblätterteig 16
Praktische Hinweise für das Bearbeiten von Blätterteig 17

Saucen zu Blätterteiggerichten 19

In der Blätterteighülle 27
Fisch in Blätterteig 28
Fleisch, Wild, Geflügel in Blätterteig 30
Gemüse und Pilze in Blätterteig 40
Obst in Blätterteig 44

Unter der Blätterteighaube 47
Suppen 48
Pies oder Schüsselpasteten 50

Füll- und Formpasteten 55
Füllungen für Pasteten 61

Blätterteig-Backstube 63
Herzhafte Strudel, Pizza 64
Süße Strudel und Torten 69
Herzhaftes Kleingebäck 73
Süßes Kleingebäck 77
Vollkornblätterteig 90

Register 94

BLÄTTERTEIG – DAS WUNDER UNTER DEN TEIGEN

Malerei und Konditorei sind die wichtigsten Künste.
                              Claude Lorrain

Im Grunde sind alle Teige, angefangen vom Brotteig bis hin zum Blätterteig, von Anfang an bis heute kleine und große Wunder. Allerdings merkt das nur der, der täglich damit umzugehen hat. Er beherrscht diese Wunder wie ein General seine Armeen.
Gewiß, der modern denkende Mensch hat recht, wenn er diese Backstubenwunder genau wie Radio, Telefon oder Fernsehen verständlich erklären können und wissen will, woher der Blätterteig kommt. Darüber teilen sich die Meinungen, und einige Legenden haben sich um ihn gebildet.
Claude Lorrain, der eigentlich Claude Gellée hieß und von 1600–1682 lebte, ist als Maler und Radierer in die Kunstgeschichte eingegangen. Sein Vater bestimmte, er solle Konditor und Zuckerbäcker lernen. Anfänglich folgte er auch diesem Rat und Wunsch. Er soll den ersten Blätterteig geknetet, ausgerollt und, zu seinem eigenen und seines Meisters Erstaunen, zubereitet haben.
Claude Lorrain (Lothringen) war damals 15 Jahre alt und hatte schon zwei Jahre Lehrzeit bei einem Konditormeister in Paris in der Rue St. Honoré hinter sich. Er soll gerade mit einer Teigkugel von 250 Gramm beschäftigt gewesen sein, in die er 200 Gramm Butter hineinarbeitete, als sein Meister dazukam und ihn fragte, was er denn mache. Er antwortete, er versuche für seinen kranken Vater ein besonders gutes Butterbrot zu backen. Sein Meister ließ ihn wohl gewähren. Als er diesen Teig dann, dick ausgerollt, in den Ofen schob, war er überrascht, wie er sich in der Hitze veränderte. So etwas hatte er bislang noch nicht erlebt. Dieser Butterteig ging auf wie übereinanderliegende Blätter, deshalb nannte man ihn auch *pâte feuilletée* (geblätterter Teig). Ausgekühlt blätterte er auch beim Essen und splitterte (davon haben die Splitterhörnchen, Seite 86, ihren Namen, wenngleich die meisten Hefeteig als Grundteig haben und zu den Plundergebäcken gezählt werden). Es soll feststehen, daß dieses Rezept, freilich verfeinert und abgerundet, sowohl als süße als auch als herzhafte Variante seinem Meister ein Vermögen eingebracht hat.
Ähnlich wie beim Marzipan unter dem Patronat von Honoré de Balzac versuchten Dunkelmänner sich auf diesen erfolgreichen, neuen Backzug aufzuschwingen und mitzufahren. Es gab nämlich auch damals schon Werkspionage. Ein Spion soll sich in einen Schrank in der Backstube eingeschlossen haben, um während der Nacht an das gesuchte Geheimrezept zu gelangen. Ernstzunehmende Chronisten wollen allerdings belegen können, daß bereits im Jahre 1311 in einer Urkunde des Bischofs Robert von Amiens der Blätterteig erwähnt wird. Man versucht also,

Claude Lorrain diese bahnbrechende »Erfindung« streitig zu machen. Gleichwohl könnte man annehmen, daß schon Blätterteigrezepte, vielleicht anders genannt, aus Persien stammen und mit den Griechen über die Römer nach Gallien gekommen sind. Lassen wir Claude Lorrain wenigstens das Verdienst, sich mit dem Blätterteig beschäftigt und ihn weiterentwickelt zu haben.

Seit langem gehört Blätterteig zum täglichen, reichen Backsortiment unserer Bäckereien, Konditoreien und Patisserien. Ja, man kann ihn seit einigen Jahren sogar aus der Tiefkühltruhe kaufen und sich an seinem mühelosen Gelingen erfreuen.

Wer Blätterteig selber macht, muß etwas Geduld mitbringen, denn niemand kommt als Meister auf die Welt. Man probiert die einzelnen Rezepte mehrmals und darf nie enttäuscht sein, wenn der Anfangserfolg ausbleibt. Aber die Möglichkeiten sind so vielfältig, daß man große Freude für sich und seine »Mitesser« damit haben wird.

GRUNDREZEPTE FÜR SELBSTGEMACHTE BLÄTTERTEIGE

Schleckermäuler und Liebhaber der guten Küche bekommen häufig feuchte Augen, wenn sie beim Bäcker oder Konditor die hübschen, hohen, zuckerglänzenden Gebäcke aus Blätterteig sehen. Wie gerne würden sie solche Leckerbissen zu Hause selber machen. Aber es soll schwer und mühsam sein, diesen Teig zuzubereiten. Wie man hört, gibt es da 5 verschiedene Sorten:

1. *Deutscher Blätterteig* Das Fett wird in den Grundteig eingeschlagen und dann ausgerollt, der Fachmann sagt »getourt« oder »touriert«.
2. *Französischer Blätterteig* Hier ist das Fett außen und der Grundteig innen.
3. *Holländischer Blätterteig* (Schnell- oder Blitzblätterteig) Man hackt das Fett, wirkt es unter das Mehl (ähnlich wie bei Mürbeteig) und rollt den Teig dann aus.
4. *Quarkblätterteig* Mehl, Butter und Quark werden gemeinsam verknetet und dann ausgerollt.
5. *Hefeblätterteig* (Plunderteig) Der Grundteig ist ein Hefeteig.

Deutscher Blätterteig
Echter Blätterteig

Grundteig
420 g Weizenmehl Type 405
50 g Butter, 1 Prise Salz
2 cl Weinbrand oder Rum, 1 Eigelb
1 Prise Zucker, 250 g (¼ l) Wasser

Ziehbutter
450 g Butter (beim Bäcker kann man auch 500 g Ziehmargarine kaufen, ein Spezialfett mit geringem Wassergehalt)
80 g Weizenmehl Type 405

ARBEITSSCHRITTE

1. Das Mehl auf dem Backbrett oder in einer Schüssel zu einem Ring formen.
2. Die Butter in den Mehlring geben und zusammen mit Salz, Weinbrand oder Rum, Eigelb und Zucker sowie Wasser einen glatten Teig kneten, der auf dem Backbrett bearbeitet wird, bis er so glatt, geschmeidig und glänzend ist wie ein Nudelteig.
3. Diesen Grundteig zu einer Kugel formen, mit Frischhaltefolie umwickeln und kühl stellen.
4. Für die Ziehbutter Butter und Mehl verkneten und zu einem Ziegel von 15 × 15 cm formen. Etwa 20 Minuten kühl stellen.
5. Grundteigkugel auspacken, wie ein rundes Brötchen über Kreuz einschneiden und jede Ecke ausrollen, so daß ein Kreuz entsteht, das in der Mitte etwas dicker ist.
6. In die Mitte des Kreuzes die Ziehbutter legen und so mit dem Teig bedecken, daß sie vollständig umhüllt ist.
7. Mit dem Nudelholz die Butter im Teig erst etwas breit klopfen und allmählich zu einem gleichmäßigen Rechteck ausrollen.
8. Das Rechteck beiderseits abmehlen und so zusammenlegen, daß je ein Drittel über dem anderen liegt. Frischhaltefolie darüberdecken und 10 Minuten im Kühlschrank ruhen lassen.
9. Den Teig auspacken und gleichmäßig zu einem Rechteck von etwa 30 × 60 cm ausrollen.
10. Den Teig abmehlen und beide Seiten zur Mitte hin zusammenlegen, so daß die Kanten aneinanderstoßen. Nun die eine Hälfte auf die andere legen, so daß jetzt 4 Teiglagen übereinanderliegen. Mit Frischhaltefolie umhüllen und 10 Minuten im Kühlschrank ruhen lassen.
11. Den Teig auspacken, zum Rechteck ausrollen. Noch einmal 1 × 3 (siehe 8.) zusammenlegen, ruhen lassen, dann noch einmal 1 × 4 (siehe 10.) zusammenlegen, wieder ruhen lassen. Jetzt kann der Teig in kleinere Stücke geschnitten und zu den gewünschten Formen verarbeitet werden.

Dieses Zusammenlegen bewirkt, daß der Teig 144 Lagen hat. Sie ergeben die »Blätter«, die den Teig so knusprig machen, und wovon er auch seinen Namen hat.

FRAGEN

Warum der Zucker?
So bekommt der Teig beim Backen eine hellbraune Farbe, die an reifes Korn oder Weizen erinnert.

Einführung

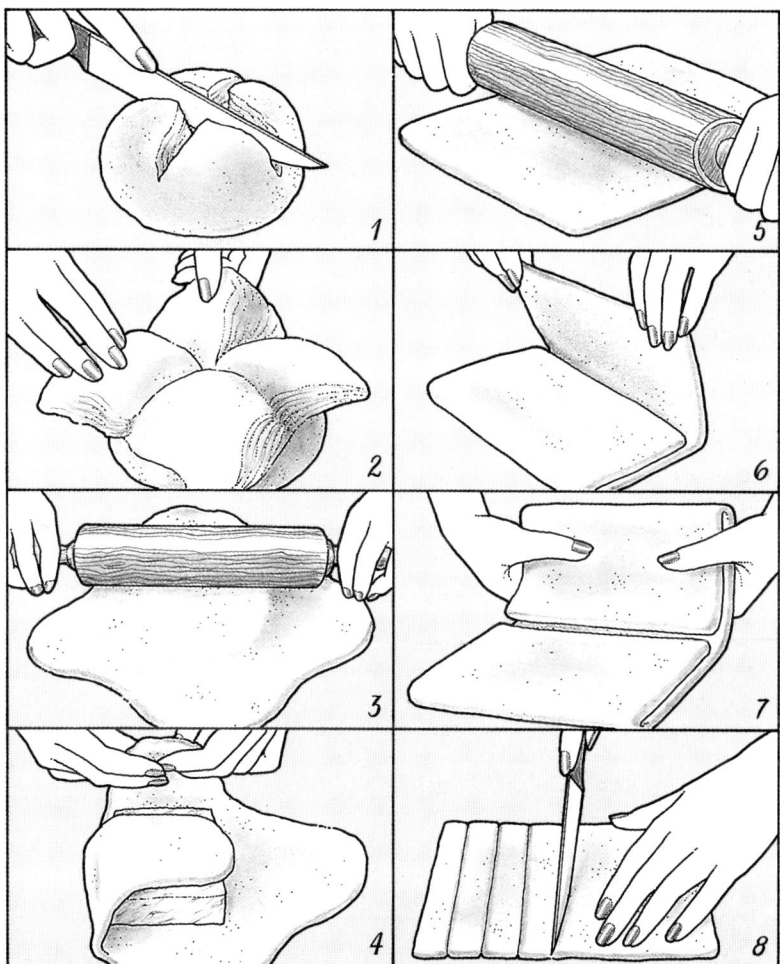

Warum der Alkohol?
Er verbessert den Geschmack und das Hochgehen des Teiges.
Warum das Wasser?
Es bindet das Mehl. Man kann auch Magermilch oder Milch nehmen, allerdings schmeckt der Blätterteig dann nicht mehr so herzhaft.

1 Die Grundteigkugel aufschneiden,
2 etwas aufbiegen,
3 zu einem Kreuz ausrollen,
4 die Ziehbutter darin einschlagen,
5 zu einem Rechteck ausrollen.
6 3 Teiglagen übereinanderlegen.
7 4 Teiglagen übereinanderlegen.
8 Teig quer in Stücke schneiden.

Einführung

Französischer Blätterteig

Ziehbutter
300 g Weizenmehl Type 405
450 g Butter

Grundteig
200 g Weizenmehl Type 405
50 g Butter, 1 Prise Salz
2 cl Weinbrand oder Rum
1 Eigelb, 1 Prise Zucker
250 g (¼ l) Wasser

ARBEITSSCHRITTE

1. Für die Ziehbutter Mehl und Butter zu einem glatten Teig verarbeiten. Zum Ziegel geformt, etwa 10 Minuten in den Kühlschrank stellen.
2. Mehl, Butter, Salz, Weinbrand oder Rum, Eigelb und Zucker zu einem glatten Teig verarbeiten und glatt wirken wie den Grundteig beim Deutschen Blätterteig. Als Kugel mit Frischhaltefolie umhüllen, kalt stellen und 10 Minuten ruhen lassen.
3. Die Ziehbutter gleichmäßig zum Rechteck ausrollen und abmehlen.
4. Den Grundteig auspacken und zu einem halb so großen Rechteck ausrollen. Dieses auf die eine Seite der ausgerollten Butter legen.
5. Die Ränder festdrücken und dieses Rechteck ausrollen wie beim Deutschen Blätterteig – Arbeitsschritte 8–10 – 1 × 3, 1 × 4, 1 × 3

1 Mehl + Butter = Ziehbutter
2 Die Ziehbutter in den Grundteig hüllen,
3 die Ränder festdrücken,
4 drei- und vierlagig ausrollen.

und 1 × 4. Zwischen jeder Tour 10 Minuten ruhen lassen. Das Einpacken in Frischhaltefolie ist nicht mehr nötig, weil die Butter außen den Teig geschmeidig hält. Der Teig kann nun, quer in kleinere Stücke zerteilt, wie gewünscht weiterverarbeitet werden.

HINWEIS
Dieser Teig hat den *Vorteil,* daß er mehrere Tage kühl gelagert werden kann, ohne daß seine Triebkraft weniger wird.

Hefeblätterteig
Plunderteig

Hefeteig
350 g Weizenmehl Type 405
40 g Hefe
100 g Zucker (verwendet man den Plunderteig herzhaft zum Umhüllen von Fleisch, Fisch oder Gemüse, läßt man den Zucker weg)
250 g (¼ l) warme Milch
50 g Butter, zerlassen, aber nicht heiß
1 Prise Salz
3 Eier

Ziehbutter
150 g Butter
50 g Weizenmehl Type 405

ARBEITSSCHRITTE
1. Das Mehl in einer Schüssel zum Kranz formen.
2. In die Mitte des Mehlkranzes die Hefe bröckeln. Etwas Zucker dazugeben und mit etwas lauwarmer Milch und etwas Mehl vom Rand mit einem kleinen Schneebesen einen Vorteig rühren. Mit etwas Mehl bestreuen, mit einem Tuch zudecken, im Backofen bei 50 °C und offener Tür aufgehen lassen. Das dauert etwa 10 Minuten.
3. Zerlassene Butter, Salz, Zucker und die Eier dazugeben und alles gut durcharbeiten. Nach und nach die lauwarme Milch angießen. Den Teig so lange bearbeiten, bis er sich von der Schüssel löst und seidenglänzend schimmert.
4. Teig mit Teigschaber von der Schüssel lösen, etwas Mehl unter den Teig und darüber streuen, mit einem Tuch zudecken und wieder im offenen Backofen bei 50 °C gehen lassen. Das dauert etwa 20 Minuten.
5. Den Teig auf dem Backbrett zusammendrücken und etwa 1 cm dick zu einem Rechteck von 30 × 40 cm ausrollen.
6. Inzwischen für die Ziehbutter Butter und Mehl zusammenkneten. Eine Platte von 15 × 20 cm ausrollen, auf die eine Hälfte des Hefeteiges legen und die andere Hälfte darüberdecken, Ränder andrükken. Gleichmäßig zum Rechteck von 30 × 40 cm ausrollen.
7. Den Teig dreifach zusammenlegen (wie unter Arbeitsschritt 8 bei Deutschem Blätterteig beschrieben) und ausrollen, wieder dreifach zusammenlegen und 10 Minuten ruhen lassen. Dann wieder ausrollen und dreifach zusammenlegen, ruhen lassen. Nochmal ausrollen, dreifach zusamenlegen und 10 Minuten ruhen lassen. Nun den Teig quer in kleinere Stücke schneiden und verwenden.

Holländischer Blätterteig
Blitzblätterteig

500 g Weizenmehl Type 405
500 g Butter, in kleine Würfel gehackt
1 Prise Salz, 1 Eigelb
2 cl Weinbrand oder Rum
1 Prise Zucker, 250 g (¼ l) Wasser

1 Mehl aufs Backbrett schütten,
2 Butterwürfel in die Mulde geben,
3 Wasser nach und nach zugeben,

ARBEITSSCHRITTE
1. Mehl als Ring auf das Backbrett schütten.
2. Alle anderen Zutaten außer dem Wasser in den Ring geben.
3. Wie beim Mürbeteig die Zutaten zusammenkneten und nach und nach das Wasser dazugeben.

4 zum Rechteck ausrollen.
5 3 Teiglagen übereinanderlegen.
6 4 Teiglagen übereinanderlegen.

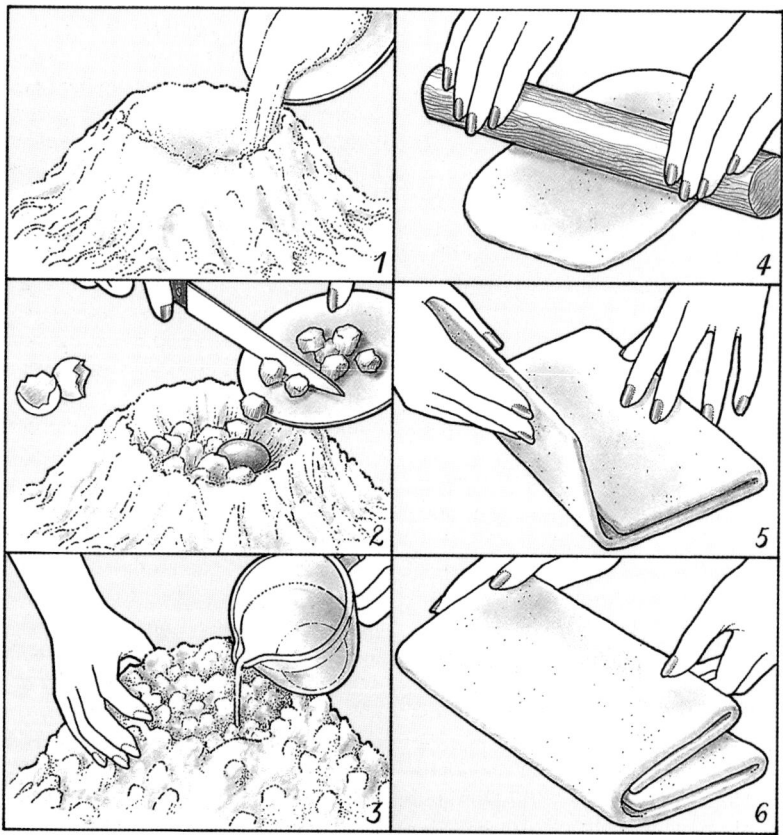

Einführung 15

4. Den Teig zum Rechteck ausrollen und – wie Arbeitsschritte 8–10 bei Deutschem Blätterteig – 1 × 3, 1 × 4, 1 × 3 und 1 × 4 ausrollen (touren). Nach jeder Tour den Teig in Frischhaltefolie einhüllen, 10 Minuten im Kühlschrank ruhen lassen.

Quarkblätterteig
Falscher Blätterteig

250 g Weizenmehl Type 405, gekühlt
½ TL Backpulver
250 g Butter aus dem Kühlschrank, grob geraffelt
250 g Magerquark, in einem Tuch ausgedrückt, gekühlt, 1 Prise Salz

ARBEITSSCHRITTE

1. In einer Schüssel alle Zutaten rasch zu einem glatten Teig zusammenkneten.
2. Den Teig ziegelähnlich formen, in Frischhaltefolie packen, im Kühlschrank 1 Stunde ruhen lassen.
3. Den Teig mit wenig Mehl gleichmäßig 1 cm dick zu einem Rechteck ausrollen und abmehlen. Wie Arbeitsschritte 8–10 bei Deutschem Blätterteig 1 × 3, 1 × 4, 1 × 3, 1 × 4 zusammenlegen und ausrollen.
4. Den Teig quer in 4 Teile schneiden. In Folie eingepackt 1 Stunde in den Kühlschrank stellen.

HINWEIS

Dieser Teig geht nicht so hoch auf wie der gewöhnliche Blätterteig; er »schnurrt ein«, d. h., er wird beim Backen etwas kleiner. Dafür ist er rascher zubereitet und kalorienärmer.

TIEFKÜHLBLÄTTERTEIG

Dieses hilfreiche Büchlein wäre nicht geschrieben worden, wenn es ihn nicht gäbe. Gerade Berufstätigen, die kaum Zeit abzwegen können, um den arbeitsaufwendigen Teig selber zu machen, kann man dieses eiskalte Wunder nur wärmstens empfehlen. Wer sich einmal mit dem Tiefkühlblätterteig befaßt und ihn vielleicht auch schon ausprobiert hat, der wird spitzbekommen haben, wieviel Abwechslung er in kurzer Zeit auf den täglichen und festlichen Speisezettel bringen kann. Selbst überraschenden Besuch kann man damit bestens bewirten, wenn man ihn stets in seinem Vorrat hat.

Wenn nicht anders angegeben, gehen die Rezepte von der Packung mit 300 g Blätterteig aus. Darin sind fünf rechteckige Teigblätter, à 60 g, etwa 4 mm dick, enthalten. Daneben gibt es auch die 450 g Packung mit sechs Scheiben, à 75 g. Die einzelnen Scheiben erleichtern die Berechnung von Portionen. Aus einem Blatt können drei Dreiecke oder Rechtecke gerädelt werden.

Zum Auftauen des Teiges öffnet man die Packung und legt die Scheiben einzeln auf ein Holzbrett. Bei Zimmertemperatur sind sie innerhalb von 20 Minuten so weit aufgetaut, daß man sie mit dem Nudelholz und etwas Mehl zur gewünschten Form ausrollen kann (siehe auch Zubereitungshinweis auf der Packung). Angebrochene Packungen verschließt man mit einem Klebestreifen und friert sie wieder ein.

Einführung

Zum Ausrollen des Blätterteiges, der durch die Buttermenge rasch zu weich werden kann, eignen sich Marmor- und Resopalplatten, die sehr glatt und kühl sind, besser als ein Holzbrett. Benötigt man größere Teigplatten, beispielsweise zum Einrollen ganzer Filets Wellington (Seite 38), legt man zwei oder drei Scheiben übereinander und rollt sie gleichmäßig dünn aus. Bei den Rezepten sind entsprechende Angaben zu finden. Die Teigplatten immer gleichmäßig nach oben und nach unten, nach rechts und nach links ausrollen, daß die Kanten möglichst gerade und gleich dünn werden. Verwendet man die Teigplatten, ohne sie ausrollen, steigt der Teig etwas höher.

Man kann Tiefkühlblätterteig verfeinern, indem man fertiges Gebäck – süß oder herzhaft – mit zerlassener Butter bestreicht.

VOLLKORNBLÄTTERTEIG

Während der Arbeit an diesem Büchlein kam der Vollkornblätterteig auf den Markt. Er ist fraglos ein wertvoller Beitrag für die Koch- und Backfreunde, die sich gesundheitsbewußt ernähren möchten. Denn der Vollkornblätterteig enthält mehr Ballaststoffe als der mit Weizenmehl Type 405 zubereitete Teig. Da es diesen neuen Teigtyp wie den normalen Blätterteig auch aus der Tiefkühltruhe gibt und auch er so gut wie keine Arbeit macht, kann er das tägliche Küchenprogramm sowohl für das Auge als auch für den Gaumen erfreulich erweitern und bereichern.

Die Packungen enthalten fünf Teigplatten von je 90 g, also insgesamt 450 g, die 10,5 × 21 cm groß sind. Sie sind bei Zimmertemperatur ebenfalls nach 20 Minuten ausrollbar. Wer streng in Richtung Vollwertkost gehen will, nimmt zum Ausrollen kein Weizenmehl, sondern Weizenschrot, den man im Reformhaus oder beim Bäcker bekommt. Vollkornblätterteig sieht eine Spur dunkler als normaler Blätterteig aus, was vom Vollkornmehl herrührt. Die Backzeiten bleiben die gleichen. Frisch aus dem Backofen schmeckt er am besten; sein Geschmack ist herzhafter, rassiger, griffiger. Man kann ihn sowohl für süße als auch für herzhafte Rezepte verwenden. Alle Rezepte, die in diesem Buch empfohlen werden, sind auch mit Vollkornblätterteig auszuführen.

PRAKTISCHE HINWEISE FÜR DAS BEARBEITEN VON BLÄTTERTEIG

Die folgenden Hinweise gelten für Tiefkühlblätterteig ebenso wie für selbstgemachten Blätterteig.

▷ Blätterteig soll zum Ausrollen nicht zu weich sein. Sollte dies der Fall sein, deckt man Frischhaltefolie darüber und legt ihn zum Festwerden kurz in den Kühlschrank.

▷ Zum Ausrollen wenig Mehl unter die Teigplatten streuen; wenn sie ausgerollt sind, beide Seiten mit einem breiten, trockenen Backpinsel abmehlen. Der Pinsel sollte stets trocken sein, sonst gibt es Klümpchen.

▷ Zum Bestreichen mit Wasser oder Ei andere Pinsel nehmen. Diese nach Gebrauch sauber auswaschen und trocknen lassen.

▷ Blätterteigreste, die beim Ausstechen oder Ausrädeln anfallen, nicht zusammenkneten, sondern abmehlen, übereinanderlegen und wieder ausrollen, dann verwenden. Dieser Teig steigt beim Backen nicht mehr so hoch, deshalb nicht zu dünn ausrollen. Er eignet sich sehr gut für Pies (Seite 50) oder zum Auslegen von Törtchenformen. Man kann ihn auch zu Kleingebäck verarbeiten.

▷ Zum Ausstechen Förmchen wie zum Weihnachtsgebäck nehmen. Rosettenausstecher nennt man Förmchen, die im Gegensatz zum glatten, runden Ausstecher einen geschlängelten oder gezackten Rand haben.

▷ Zum Schneiden und Abmessen ein glattes oder gezacktes Teigrädchen und ein Holzlineal nehmen. Den Teig immer rädeln, nie mit einem Messer schneiden. So bleiben die Teigschichten erhalten und das Gebäck steigt beim Backen blättrig hoch.

▷ Für kleinere Gebäckstücke jeweils ein einzelnes Teigblatt zur gewünschten Größe ausrollen. Für größere Stücke die Blätter übereinanderlegen und gleichmäßig zur gewünschten Größe ausrollen.

▷ Um dem Gebäck ein appetitlicheres Aussehen zu geben, ein frisches Ei, also Eigelb und Eiweiß, mit einer Gabel schlagen wie beim Rührei, bis sich eine glatte Flüssigkeit ergibt, und den Teig damit bestreichen. Eigelb allein bräunt das Gebäckstück zu stark; Eiweiß allein nimmt man, um Teigränder zu verschließen, damit eine Füllung nicht aus dem Gebäckstück austreten kann. Um das zu erreichen, genügt aber auch kaltes Wasser.
Beim Bestreichen mit aufgeschlagenem Ei darauf achten, daß die seitlichen Teigränder nicht mitbestrichen werden, sonst kann der Teig beim Backen nicht blättrig hochsteigen.

▷ Ausgerollten und backfertigen Blätterteig immer 15 Minuten auf dem vorbereiteten Backblech ruhen lassen, am besten im Kühlschrank, um ein »Einschnurren« (Zusammenfallen) des Teiges beim Backen zu vermeiden.

▷ Das Backblech direkt oder daraufliegendes Backpapier (Druckseite nach unten) mit kaltem Wasser be-

netzen. Das Wasser verdampft beim Backen und sorgt dafür, daß der Teig blättrig nach oben steigt. Backpapier braucht nie gefettet zu werden, weil Blätterteig genügend Fett enthält. Papier nach Gebrauch wegwerfen.
▷ Den Backofen 10 Minuten vorheizen. Das Backblech in die Mitte einschieben und sofort den Küchenwecker auf die Backzeit einstellen, damit das Gebäck rechtzeitig aus dem Ofen kommt.
▷ Blätterteig braucht kräftige Hitze, um schön braun zu werden, weil er so gut wie keinen Zucker enthält.
▷ Die Teigstücke in Reih und Glied auf das Backblech bringen. Die Stücke nicht zu eng auflegen, damit man sie bequem vom Blech nehmen kann.
▷ Fertiges Gebäck noch warm vom Blech nehmen und auf eine Platte legen. Blätterteig schmeckt am besten ofenfrisch, vor allem, wenn er herzhaft gefüllt ist.
▷ Backfertige Gebäcke, die man einfrieren will, in Klarsichtfolie packen, Aufkleber mit Datum daraufheften und in die Tiefkühltruhe legen. Man kann sie bei Gebrauch sofort mit Ei bestreichen, auf das vorbereitete Backblech setzen und in den vorgeheizten Backofen schieben. Die Backzeit verlängert sich dann um 10–15 Minuten.

▷ Blätterteigreste ebenfalls in Klarsichtfolie wickeln und wieder einfrieren. So hat man stets einen gewissen Vorrat für überraschenden Besuch.
▷ Fast alle Blätterteigrezepte lassen sich auch mit Alufolie zubereiten, wobei die Folie die Blätterteighülle ersetzt. Auch dann gart man im eigenen Saft und spart obendrein noch Kalorien, die im Blätterteig enthalten sind. Als sättigende Beilage können dann Kartoffeln, Reis, Nudeln, Knödel oder Spätzle die fehlende Teighülle ersetzen.
▷ Gebackene runde Teigscheiben oder -streifen, die kalt geworden sind, zum Aprikotieren und Glasieren vorher im Backofen noch einmal kurz erhitzen. So schmecken sie saftiger und glänzen besser.
▷ Zum Aprikotieren Aprikosenkonfitüre mit etwas Apfelsaft erhitzen, warme Gebäckstücke damit bestreichen und sofort mit Puderzuckerglasur bepinseln. So bleibt das Gebäck saftiger.
▷ Puderzuckerglasur immer auf die warmen Gebäckstücke streichen. Dazu 100 g Puderzucker mit 4 EL heißer Milch glattrühren.
▷ Süße Gebäckstücke warm oder kalt mit Puderzucker bestreuen.

Saucen zu Blätterteiggerichten

Saucen zu Blätterteiggerichten

Senfsauce

150 g rindenloses Weißbrot, klein gewürfelt
⅛ l Buttermilch
1 Eigelb
4 EL Crème fraîche
Salz
1 Prise Zucker oder 1 TL Himbeersirup
1 EL scharfer Senf, 1 TL süßer Senf

Das Weißbrot mit der Buttermilch übergießen, umrühren, zudecken und 30 Minuten quellen lassen. Mit einem Holzlöffel gut verrühren und durch ein Sieb streichen. Mit dem Eigelb und den anderen Zutaten mischen. Es soll eine deckende Masse entstehen, so dick wie Mayonnaise.

VERFEINERUNG

4 EL steifgeschlagene Sahne unterziehen.

VARIATIONEN

Meerrettichsauce: Statt Senf je nach Geschmack 2–3 EL frisch geriebenen Meerrettich (oder aus dem Glas) untermischen.
Tomatensauce: Satt Senf 3 EL Tomatenketchup dazurühren.
Sardellensauce: Statt Senf 1–2 TL Sardellenpaste unterrühren.
Matjescremesauce: Statt Senf 3 EL kleine Matjesfiletwürfel untermischen. Mit Schlagsahne verfeinern.
Kapernsauce: Statt Senf 5 EL abgegossene, gewaschene, trockengetupfte und gehackte Kapern untermischen.
Dillsauce: Statt Senf 3 EL feingeschnittenen Dill und Zitronensaft dazumischen.
Frühlingskräutersauce: Statt Senf 3 EL feingehackte, frische Kräuter (Schnittlauch, Kerbel, Kresse, Petersilie) unterrühren.

Frische Gurkensauce mit Dill

Foto Seite 22

⅛ l Crème double
100 g Salatgurke, geschält, entkernt, in ganz kleine Würfel geschnitten
1 TL Dillspitzen, gehackt
Salz
weißer Pfeffer
1 Prise Zucker
1 EL Apfelessig

Alle Zutaten zu einer glatten Sauce verrühren.

VARIATION

Saure oder Senfgurkensauce: Statt der frischen Gurkenwürfel Essig- oder Senfgurkenwürfel nehmen.

Tomatensauce

20 g Butter
50 g Zwiebelwürfel
200 g Tomaten
4 EL Tomatenketchup
¼ l Fleisch- oder Gemüsebrühe
Salz
weißer Pfeffer
1 TL Paprikapulver, edelsüß
1 EL Basilikum, gehackt

In der Butter die Zwiebeln andünsten. Die Tomaten in kochendes Wasser legen, nach 5 Minuten in kal-

Saucen zu Blätterteiggerichten

tes Wasser geben und enthäuten. Würfeln, auf die angedünsteten Zwiebeln geben und 5 Minuten dünsten. Ketchup dazumischen, die heiße Brühe unterrühren, aufkochen lassen und würzen.

HINWEIS

Soll die Sauce gebunden sein, rührt man in 5 EL Tomatensaft 3 EL Speisestärke an und rührt sie in die mild kochende Sauce. Aufkochen lassen. Vom Herd nehmen, mit 3 EL Sahne verfeinern.

Kalte Tomatensauce
Foto Seite 22

200 g frische Tomaten
200 g Tomatenpüree, frisch oder aus der Dose
1 Knoblauchzehe, geschält, klein gehackt
Salz
schwarzer Pfeffer
Koriander

Die frischen Tomaten in kochendes Wasser legen, nach 5 Minuten in kaltes Wasser geben, enthäuten und klein würfeln. Mit dem Tomatenpüree mischen und würzen.

Karotten-Tomaten-Sauce

⅛ l Karottensaft
⅛ l Tomatensaft
4 EL Speisestärke, angerührt in
5 EL Weißwein
1 EL gekörnte Brühe
Salz
⅛ l süße Sahne

Karotten- und Tomatensaft aufkochen. Mit der angerührten Speisestärke binden und aufkochen lassen. Suppenwürze, Salz und die Sahne unterrühren. Wenn die Sauce schaumig sein soll, die Hälfte der Sahne steif schlagen und unter die fertige Sauce heben.

VERFEINERUNG

Gehackte Kräuter wie Dill, Schnittlauch, Kerbel, Basilikum oder Sauerampfer unterziehen (schmeckt besonders gut zu Fisch und Geflügel).

Eiersauce mit Kräutern

⅛ l Crème fraîche
2 hartgekochte Eier, kalt, geschält, fein gehackt
2 EL frische Kräuter
(z. B. Salbei, Frühlingszwiebeln, Basilikum, Kresse), fein gehackt
½ TL süßer Senf
Salz
1 Prise Currypulver

Alle Zutaten zu einer glatten, cremigen Sauce verrühren.

Frische Champignon-sauce, Rezept Seite 25

Quark-Sahne-Sauce mit Frühlingszwiebeln
Foto Seite 22

250 g Magerquark
150 g saure Sahne
1 Prise Salz
1 Prise weißer Pfeffer
Saft von 1 Zitrone
150 g Frühlingszwiebeln, in dünne Ringe geschnitten
¼ l süße Sahne, steif geschlagen

Den Quark mit saurer Sahne, Gewürzen, Zitronensaft und Frühlingszwiebeln glatt verrühren. Zuletzt die Schlagsahne darunterheben.
Serviervorschlag: Schmeckt zu allen vegetarischen Speisen und Fischgerichten.

Quark-Dill-Creme

250 g Magerquark
1 Prise Salz
1 Prise weißer Pfeffer
1 TL süßer Senf
1 Bund Dillspitzen, grob gehackt
1 Prise Dillsamen (macht das Aroma noch kräftiger)
2 Eigelb
2 hartgekochte Eier, geschält, gehackt
¼ l süße Sahne, steif geschlagen

Den Quark mit Salz, Pfeffer, Senf und Dill würzen, mit Eigelb und Eiern zu einer glatten Creme verrühren. Zuletzt die Schlagsahne unterheben.
Serviervorschlag: Zu allen vegetarischen Speisen und Fischgerichten passend.

Quark-Sahne-Sauce mit Kräutern

200 g Magerquark
1 Prise Salz
1 Prise weißer Pfeffer
¼ l süße Sahne, steif geschlagen
5 EL frische Kräuter (Zitronenmelisse, Brennesseln, Schnittlauch, Kerbel, Dill), grob gehackt

Alle Zutaten zu einer cremigen Sauce verrühren.

Champignonsauce mit Madeira

10 g Butter
2 EL Zucker
4 EL Zwiebelwürfel
100 g frische Champignons, gehackt
¼ l Rotwein
1 Fertiggericht Ochsenschwanzsuppe
4 EL Madeira

In der heißen Butter den Zucker etwas zerlaufen lassen, die Zwiebeln dazugeben und dünsten, bis sie glasig sind. Die Pilze hinzufügen und 5 Minuten dünsten. Den Rotwein darübergießen. Wenn er kocht, die Ochsenschwanzsuppe dazurühren und langsam, etwa bis zur Hälfte, einkochen lassen. Den Madeira unterrühren, vom Herd nehmen.

Saucen zu Blätterteiggerichten

Frische Champignonsauce

Foto Seite 23

30 g Butter
100 g kleine Zwiebelwürfel
3 EL Mehl
¼ l süße Sahne
4 EL Weißwein
300 g frische Champignons,
geputzt, in Scheiben geschnitten
1 Prise Salz
2 EL Petersilie, gehackt
1 Prise gekörnte Brühe

In der heißen Butter die Zwiebeln dünsten. Das Mehl dazugeben, mit anschwitzen und die Sahne langsam dazurühren. Den Weißwein und die Champignonscheiben dazugeben, umrühren und 5 Minuten milde köcheln. Salzen, Petersilie und gekörnte Würze dazurühren.
Serviervorschlag: Zu Fischgerichten.

VARIATION

Statt Champignons Spargelspitzen nehmen.

FRUCHTSAUCEN ZU KALTEN PASTETEN

Tunesische Dattelsauce

80 g schwarzes Johannisbeergelee
1 TL scharfer Senf
Saft von 2 Zitronen
80 g Datteln, entkernt, klein gewürfelt
4 cl trockener Sherry

Alle Zutaten sorgfältig verrühren.

Kurpflaumensauce

Foto Seite 22

100 g Kurpflaumen, entsteint,
klein gewürfelt
2 cl Zwetschgenwasser
Saft von 2 Zitronen
100 g Pflaumenmus
3 EL Tomatenketchup

Alle Zutaten sorgfältig verrühren.

Mangosauce

2 reife Mangos
4 EL Orangenfruchtfleisch, geschält,
entkernt, klein gewürfelt
1 TL Sojasauce
1 Eigelb
1 EL Tomatenketchup

Die Mangos schälen, das Fruchtfleisch vom Stein abschneiden und im Mixer pürieren. Das Püree mit den restlichen Zutaten gut verrühren.

Saucen zu Blätterteiggerichten

Brombeersauce

2 Scheiben Früchtekuchen,
klein gewürfelt
1 TL scharfer Senf
Saft von 2 Zitronen
3 EL kleine Tomatenwürfel, enthäutet,
entkernt

Alle Zutaten gut verrühren.

Himbeersauce

100 g Himbeerkonfitüre
Saft von 2 Zitronen
5 EL frische Himbeeren, zerdrückt
5 EL kleine Kiwiwürfel, geschält

Alle Zutaten gut miteinander verrühren.

Hagebuttensauce

150 g Hagebuttenmark
50 g kleine Feigenwürfel
50 g Zitronenmarmelade
5 EL trockener Weißwein

Alle Zutaten gut verrühren.

Quittensauce

100 g Quittengelee
60 g getrocknete oder frische
Aprikosenwürfel, entsteint
Saft von 2 Zitronen
3 EL Pinienkerne, gehackt

Alle Zutaten sorgfältig miteinander verrühren.

Weinbrandfrüchtesauce

150 g in Weinbrand eingelegte Früchte,
abgetropft, püriert
50 g bittere Orangenmarmelade
1 TL scharfer Senf
5 EL Pampelmusensaft

Alle Zutaten gründlich verrühren.

Süße Senfsauce

100 g Stachelbeerkonfitüre
Saft von 1 Zitrone
1 Tasse süßer Senf

Alle Zutaten zu einer glatten Sauce verrühren.

In der Blätterteighülle

FISCH IN BLÄTTERTEIG

Für viele Esser und Hobbyköche ist Fisch in Blätterteig eine ungewohnte Zubereitungsart. Neben gekochtem, gebackenem oder gedünstetem Fisch kennt man noch Fisch in Alufolie. Damit ist die Blätterteighülle vergleichbar. Nur kann man sie mitessen, sie ersetzt dabei eine Beilage wie Reis, Nudeln oder Kartoffeln und erspart einen Kochvorgang.

Bislang bewährten sich drei typische Backarten in Blätterteig:

1. Man belegt gewürztes Fischfilet (100–150 g pro Person) mit gedünsteten Gemüsestreifen wie Möhren, Lauch oder Sellerie oder wendet es in frischen Kräutern. Dann umhüllt man die Fischstücke so mit Blätterteig, daß beim Bakken kein Saft austreten kann. Der Backvorgang bei 220 °C dauert etwa 20–25 Minuten. Je flacher der Fisch ist, um so rascher ist er fertig.

2. Man hackt oder dreht Fisch ohne Haut und Gräten mittelfein durch den Fleischwolf, würzt das Püree, mischt es mit Kräutern, bindet die Masse leicht mit Quark, Kartoffelbrei oder Polenta und formt daraus kleine oder größere Kugeln, die man beiderseits abflacht. Dann »verpackt« man sie in Blätterteig und backt sie bei 220 °C ca. 20–25 Minuten.

Auch rohe, gekochte oder angebratene Fischstreifen oder -würfel kann man in Blätterteig ausbacken. Es sind immer leckere Vorspeisen oder saftige Hauptgerichte mit den entsprechenden Beilagen. Reste können ebenso »formvollendet« verbraucht werden.

3. Kleine Fische werden – filetiert oder ganz – mit Blätterteig umhüllt und wie Filet Wellington (Seite 38) gebacken.

Weitere Anregungen ergeben sich bei den Rezepten für Fleisch, Wild, Geflügel und Gemüse. Aber auch Salzheringe, Matjesheringe und Ölsardinen eignen sich gut zur Veredelung in Blätterteig.

Die Zubereitungsarten für Fisch sind damit um eine wohlschmeckende und für das Auge schmeichelhafte Variante erweitert. Zu Fisch in Blätterteig immer Zitronensaft und Worcestersauce reichen.

Fischfilet mit Salbeifüllung in Blätterteig

5 Portionen

Füllung

100 g Weißbrot ohne Rinde,
klein gewürfelt
⅛ l Buttermilch
1 El. Salbeiblätter, gehackt
1 Prise Salz
1 Prise Currypulver

1 Packung TK-Blätterteig, aufgetaut
Mehl, 1 Ei, aufgeschlagen
10 Aal-, Hecht- oder Zanderfilets
ohne Haut und Gräten,
jedes etwa 50 g schwer und 8 cm lang,
(beim Fischhändler vorbereiten lassen)

Die Zutaten für die Füllung mischen.

Jedes Teigblatt mit wenig Mehl zu einem Quadrat von 15 cm Seitenlänge

In der Blätterteighülle 29

ausrollen. Abmehlen, von jedem Quadrat 2 1 cm breite Streifen abrädeln, zur Seite legen. Die Teigränder mit Ei bestreichen, in die Mitte des Quadrats 1 Fischfilet legen, darauf 3 EL Füllung gleichmäßig verteilen und wieder 1 Filet darauflegen. Den Teig so darüberdecken, daß die Ränder aufeinander liegen, andrücken. Mit Ei bestreichen. Je 2 Teigstreifen kreuzweise darüberlegen, andrücken und mit Ei bestreichen. 15 Minuten ruhen lassen. Auf dem vorbereiteten Backblech 25 Minuten bei 220 °C bakken.
Serviervorschlag: Frischer Gurkensalat mit Dillsauce (Seite 20).

Krabben-Reis-Täschchen Husumer Art
15 Stück

Füllung

100 g Reis, gekocht und erkaltet
1 Ei
100 g Krabben, klein gehackt
Salz
1 TL Dill, gehackt

1 Packung TK-Blätterteig, aufgetaut
Mehl
1 Ei, aufgeschlagen

Für die Füllung alle Zutaten mischen und daraus 15 Kugeln formen.
Die Teigblätter auf Mehl ausrollen, aus jedem 3 Rechtecke rädeln und abmehlen. Die Ränder mit Ei bestreichen. In die Mitte jedes Rechteckes 1 Krabbenreiskugel setzen und mit den 4 Teigecken bedecken. Die Ränder festdrücken. Mit Ei bestreichen, auf das vorbereitete Backblech setzen, 15 Minuten ruhen lassen. Bei 220 °C 20 Minuten backen.
Serviervorschlag: 1 Stück geschälten Rettich in 15 dünne Scheiben schneiden, auf jede Scheibe 1 Krabben-Reis-Täschchen setzen und mit Feldsalatblättchen schmücken.

Lachsscheiben, mit Rosenkohl gefüllt

10 kleine Rosenkohlröschen, Strunk kreuzweise eingeschnitten
4 EL Zitronensaft
125 g Crème double
1 Packung TK-Blätterteig, aufgetaut
Mehl
10 dünne Scheiben Räucher- oder Graved Lachs
1 Ei, aufgeschlagen

Den Rosenkohl knackig dünsten. Die ausgekühlten Röschen halbieren, die Innenseiten mit Zitronensaft beträufeln, mit Crème double bestreichen und wieder zusammensetzen.
Jedes Teigblatt auf Mehl zu einem Rechteck von 10 × 20 cm ausrollen, abmehlen. Die Rechtecke in der Mitte quer durchrädeln, alle 10 Teile mit Ei bestreichen. Jedes Rosenkohlröschen mit 1 Scheibe Lachs umwickeln, in die Mitte eines Teigstückes legen und mit Teig umhüllen, die Ränder andrücken. Mit der Nahtstelle nach unten auf das vorbereitete Backblech legen, mit Ei bestreichen und 15 Minuten ruhen lassen. 20 Minuten bei 220 °C goldgelb backen.
Serviervorschlag: Frühlingskräutersauce (Seite 20) und Salate.

Lachshörnchen »Solveig«
10 Stück

Füllung

300 g Lachsfilet
1 EL kleine Kapern, zerdrückt
2 fingerdicke Scheiben Weißbrot ohne Rinde
⅛ l saure Sahne
1 Prise Salz
1 Prise weißer Pfeffer
20 g Butter
50 g Zwiebelwürfel
1 Prise Dillsamen
1 Ei, aufgeschlagen
2 hartgekochte Eier, geschält, gehackt

1 Packung TK-Blätterteig, aufgetaut
Mehl
1 Ei, aufgeschlagen

Das Lachsfilet klein würfeln, mit den Kapern, dem in saurer Sahne eingeweichten und zerdrückten Weißbrot und den Gewürzen mischen. In der Butter die Zwiebeln dünsten, Dillsamen dazugeben und unter die Füllung mischen, die Eier ebenfalls untermengen.
Die Teigblätter auf Mehl ausrollen und diagonal durchrädeln, daß 2 Dreiecke entstehen, abmehlen. Die Spitzen mit Ei bestreichen, auf die Breitseiten der Dreiecke jeweils ca. 80 g Füllung geben. Die Teigecken darüberdecken, zur Spitze hin zusammenrollen, mit Ei bestreichen, auf das vorbereitete Backblech setzen, 15 Minuten ruhen lassen. Bei 220 °C 20 Minuten backen.
Serviervorschlag: Frühlingskräutersauce (Seite 20) und Salate.

FLEISCH, WILD, GEFLÜGEL IN BLÄTTERTEIG

Tschebureki Foto
Leibgericht der Tataren
10 Stück

Füllung

10 g Butter
100 g Zwiebelwürfel
250 g Lammfleisch, durch die feine Scheibe des Fleischwolfes gedreht
3 EL Basilikum, gehackt
Salz
schwarzer Pfeffer
2 Zehen Knoblauch, geschält, gehackt
1 Ei

1 Packung TK-Blätterteig, aufgetaut
Mehl
1 Ei, aufgeschlagen

In der Butter die Zwiebeln glasig dünsten und mit den anderen Füllungszutaten mischen.
Die Teigblätter gleichmäßig zu Rechtecken von 15–20 cm Länge ausrollen. Abmehlen, quer in 2 gleiche Stücke rädeln, die Teigränder mit Ei bestreichen. In die Mitte jeweils 3 EL Füllung setzen, den Teig zusammenklappen, mit Ei bestreichen und die Ränder andrücken. Die Taschen auf das vorbereitete Backblech legen und 15 Minuten ruhen lassen. Bei 220 °C 20 Minuten backen.
Serviervorschlag: Heiß zu Fleischbrühe oder als Vorspeise mit Quittengelee.

In der Blätterteighülle

Hackfleischhörnchen Lohengrin
10 Stück

Füllung
5 EL kleine Zwiebelwürfel
5 EL Petersilie, gehackt
10 g Butter
300 g Schweinehackfleisch, mittelfein durchgedreht
200 g Rinderhackfleisch, mittelfein durchgedreht
1 Ei, 5 EL Milch
½ TL Salz
1 Prise geriebene Muskatnuß
weißer Pfeffer
Paprikapulver, edelsüß

1 Packung TK-Blätterteig, aufgetaut
Mehl
1 Ei, aufgeschlagen

Für die Füllung Zwiebeln und Petersilie in der Butter weich dünsten und mit den anderen Zutaten mischen. Jede Teigscheibe auf Mehl zu einem Rechteck von 18 × 20 cm ausrollen. Mit dem Backpinsel auf beiden Seiten abmehlen. Mit dem Teigrädchen diagonal zu 2 Dreiecken durchschneiden. In die Mitte der breiten Seite der Dreiecke mit 2 Eßlöffeln etwa 60 g Füllung legen. Die Teigecken über die Füllung legen, zur Spitze hin zum Hörnchen rollen. Mit Ei bestreichen, auf das vorbereitete Backblech setzen. Bei 210 °C etwa 15 Minuten goldgelb backen.

HINWEIS

Als Füllung schmecken alle Fleisch-, Geflügel- und Wildsorten, aber auch Gemüse und Fisch.

Pikantes Tatar in Blätterteig

Tatarfüllung
200 g sehnenfreies, mageres Rindfleisch, mittelfein durchgedreht
50 g kleine Zwiebelwürfel
1 EL Kapern, abgetropft, trockengetupft
1 TL Sardellenpaste
1 TL mittelscharfer Senf
weißer Pfeffer
1 EL kleine Essiggurkenwürfel
4 Eigelb

1 Packung TK-Blätterteig, aufgetaut
Mehl
1 Ei, aufgeschlagen

Für die Füllung alle Zutaten bis auf die 4 Eigelb mischen. 4 gleich große Frikadellen formen und etwas platt drücken. In die Mitte mit einem Löffel eine Vertiefung drücken und jeweils 1 Eigelb hineinsetzen.

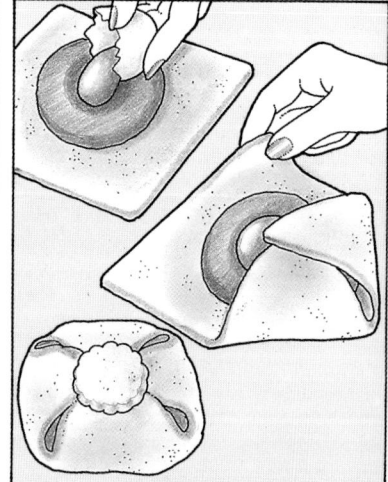

In der Blätterteighülle 33

Jedes Teigblatt mit wenig Mehl zu einem Quadrat ausrollen, mit einem Pinsel beide Seiten abmehlen. In die Mitte von 4 Quadraten 1 Frikadelle setzen, mit den 4 Teigecken wie eine Tasche verschließen, mit Ei bestreichen. Aus dem letzten Quadrat 4 Rosetten mit ca. 3 cm Durchmesser ausstechen, auf die Taschen setzen, leicht andrücken und mit Ei bestreichen. Das Backblech mit Backpapier belegen, die Taschen daraufsetzen und in die Backröhre schieben. Bei 210 °C etwa 20 Minuten backen.

Täschchen mit gekochtem Schinken
10 Stück

Füllung
100 g Magerquark
200 g magerer gekochter Schinken, in Würfel geschnitten
4 EL dünne Frühlingszwiebelringe

1 Packung TK-Blätterteig, aufgetaut
Mehl
1 Ei, aufgeschlagen

Die Füllungszutaten mischen und 10 gleich große Kugeln daraus formen.
Die Blätterteigscheiben auf Mehl ausrollen, jeweils 2 Kreise von 8 cm Durchmesser ausstechen. Mit dem Nudelholz jeden Kreis nach oben und unten so auswellen, daß ein Oval entsteht, danach abmehlen. In die Mitte 1 Füllungskugel setzen, die Ränder mit Ei bestreichen, die Kugeln mit Teig bedecken, die Ränder andrücken, die Täschchen mit Ei bestreichen. Die Teigreste abmehlen, übereinanderlegen, ausrollen und 10 Rosetten ausstechen. Jeweils 1 Rosette auf jedes Täschchen drücken und mit Ei bestreichen. Auf das vorbereitete Backblech setzen, 15 Minuten ruhen lassen. 20 Minuten bei 200 °C backen.
Serviervorschlag: Radieschen- oder Rettichscheiben.

Bratwurstbrättaschen
5 Stück

Füllung
200 g rohes Bratwurstbrät
100 g gekochte Möhren, erkaltet, grob gehackt
1 Ei
4 EL Petersilie, gehackt
½ TL gemahlener Kümmel

1 Packung TK-Blätterteig, aufgetaut
Mehl
1 Ei, aufgeschlagen
½ TL ganzer Kümmel

Die Füllungszutaten mischen, in 5 gleich große Häufchen teilen und zu 8 cm langen Würstchen rollen.
Die Blätterteigscheiben auf Mehl zu Rechtecken von 12 × 16 cm ausrollen und auf beiden Seiten abmehlen. Je 1 Würstchen auf die Hälfte der Längsseite legen, die andere Hälfte darüberdecken, die Teigränder mit Ei bestreichen und festdrücken. Die Taschen mit Ei bestreichen, mit ganzem Kümmel bestreuen, 15 Minuten ruhen lassen. 20 Minuten bei 200 °C backen.
Serviervorschlag: Kartoffelsalat.

In der Blätterteighülle

Piroggen Foto
10 Stück

Füllung

10 g Butter
100 g Zwiebelwürfel
300 g gekochtes oder gebratenes
Schweinefleisch, klein gewürfelt
Salz und Selleriesalz
1 TL Paprikapulver, edelsüß
100 g Salzkartoffeln, erkaltet,
durchgedrückt, 1 Ei
2 hartgekochte Eier,
erkaltet, geschält und gehackt
2 EL saure Sahne

1 Packung TK-Blätterteig, aufgetaut
Mehl
1 Ei, aufgeschlagen

Für die Füllung in der heißen Butter die Zwiebeln andünsten, das Fleisch und die Gewürze dazugeben und gut vermischen. Die durchgedrückten Kartoffeln zufügen und erhitzen. Die Eier und die Sahne dazugeben, umrühren und erhitzen. Die Füllung kalt stellen.
Jedes Teigblatt auf Mehl auf 17 × 20 cm ausrollen, abmehlen, jeweils 2 Rundlinge von 8 cm Durchmesser ausstechen und mit Ei bestreichen. Auf eine Hälfte etwa 50 g Füllung setzen, die andere Teighälfte darüberdecken, den Rand andrükken, mit Ei bestreichen. Auf das vorbereitete Backblech verteilen und 15 Minuten im Kühlschrank ruhen lassen. 25 Minuten bei 220 °C backen.
Serviervorschlag: Zu heißen Suppen, als Vorspeise, als Garnitur zu Salat-, Gemüse-, Fleisch- und Fischplatten.

VARIATIONEN
▷ Der Teig kann auch rechteckig oder zum Hahnenkamm geformt werden.
▷ Scharf gewürzt, mit Chili und gehackten Oliven gefüllt, sind die Piroggen mit den spanischen Empanadas vergleichbar.

Schinkenfüllung: 300 g kleingewürfelten gekochten Schinken mit 100 g Weißbrotwürfeln, in ⅛ l Milch eingeweicht, 100 g gekochten Möhrenwürfeln und 1 Ei vermischen. Mit weißem Pfeffer, Macisblüte und Koriander würzen.

Senffleischfüllung: 300 g gekochte Rindfleischwürfel mit 150 g gekochten und durchgedrückten Kartoffeln, 50 g Essiggurkenwürfeln, 1 Ei und 4 EL saurer Sahne vermischen. Mit scharfem Senf, Salz, Zucker, Dillspitzen und Macisblüte abschmecken.

Reisfüllung: 200 g locker gekochten Reis mit 100 g gedünsteten Erbsen und Möhren, 1 gekochtem Ei und 100 g Quark vermischen. Mit Salz, Basilikum, Currypulver, gehacktem Dill und Petersilie würzen.

Grießfüllung: 300 g gekochten Grießbrei mit 50 g geriebenem Käse, 100 g Zwiebeln, in 10 g Butter angedünstet, 100 g gedünstetem Spinat und 50 g Weizenkeimlingen vermischen.

Haferflockenfüllung: 300 g Haferflocken mit ⅛ l Milch quellen lassen. 50 g Weizenkeimlinge, 200 g gekochte, gehackte Blumenkohl- oder Brokkoliröschen und 50 g rote Paprikaschotenwürfel untermengen. Mit 1 Ei vermischen, mit Salz, 1 Prise geriebener Muskatnuß und gekörnter Suppenwürze abschmecken.

Gefülltes Schweinelendchen in Blätterteig

Füllung

20 g Butter
100 g Zwiebelwürfel
4 EL Petersilie, gehackt
300 g Champignons, fein gehackt
100 g grüne Paprikaschoten, fein gehackt
2 Eier
Salz
1 TL gekörnte Brühe
4 EL Semmelbrösel

800 g gehäutete Schweinelende im Stück
20 g Maiskeimöl
Salz
schwarzer Pfeffer
Piment
1 Packung TK-Blätterteig, aufgetaut
Mehl
1 Ei, aufgeschlagen

In der Butter Zwiebeln und Petersilie glasig dünsten, mit den restlichen Füllungszutaten mischen, 10 Minuten quellen lassen.
Die Schweinelende längs durchschneiden, im heißen Öl rundum ca. 5 Minuten scharf anbraten, mit Salz, Pfeffer und Piment würzen. Auf eine Schnittseite 3 cm dick Füllung verteilen, die andere Lendchenhälfte darauflegen, etwas andrücken, in den Kühlschrank stellen.
4 Teigscheiben übereinander legen, auf Mehl gleichmäßig zu einem Rechteck von 35 × 40 cm ausrollen, auf beiden Seiten abmehlen. Mit Ei bestreichen, in der Mitte Füllung in der Größe der Lende verteilen. Das Fleisch darauflegen, den Rest der Füllung darauf verteilen. Die Teigränder mit Ei bestreichen, den Teig locker über das Fleisch decken, die Ränder fest aufeinanderdrücken, damit kein Saft auslaufen kann, die Teigrolle mit Ei bestreichen. Die 5. Teigplatte gleichmäßig auf 20 × 15 cm ausrollen, beide Seiten abmehlen, in 1 cm breite Streifen rädeln. Quer über die Rolle legen, andrücken, mit Ei bestreichen, in den Kühlschrank stellen und 15 Minuten ruhen lassen. Vor dem Backen mit einer Gabel 4mal in die obere Teigschicht stechen, damit der Dampf abziehen kann, auf das vorbereitete Backblech legen. Etwa 30 Minuten bei 220 °C backen, das Fleisch soll innen rosa und saftig sein. Im abgeschalteten Backofen 10 Minuten ruhen lassen, auftragen, bei Tisch mit einem scharfen Messer daumendicke Scheiben abschneiden.

VARIATIONEN

Erkalten lassen, in Scheiben schneiden und zu Kartoffelsalat servieren.
Statt Schweinelende Kalbs-, Reh- oder Lammlende (aus dem Rücken geschnitten) in Blätterteig backen.

Rehfilet Amor

600 g Rehfilet
aus dem oberen Rücken,
gehäutet und in 2 Stücke
von etwa 15 cm Länge geteilt
20 g Maiskeimöl
1 Prise Salz
1 Prise Pfeffer
100 g fetter Speck ohne Schwarte,
vom Metzger mit der Maschine
so dünn wie möglich
in Scheiben geschnitten

Kartoffelkruste
100 g Zwiebelwürfel
3 EL Petersilie, gehackt
30 g Butter
600 g geschälte Kartoffeln, in Salzwasser
gekocht, durchgedrückt
4 EL Öl
200 g Pfifferlinge, klein gehackt,
gedünstet
2 Eier
3 EL Mehl
1 Prise Pastetengewürz
1 TL gekörnte Brühe

1 Packung TK-Blätterteig, aufgetaut
Mehl
1 Ei, aufgeschlagen

Die Rehfilets rundum in heißem Öl etwa 6 Minuten anbraten, erkalten lassen, mit Salz und Pfeffer würzen, beide Teile mit den Speckscheiben spicken.
Für die Kartoffelkruste Zwiebeln und Petersilie in der Butter glasig dünsten, mit den restlichen Zutaten gut mischen. Die Masse gleichmäßig 1 cm dünn zum Rechteck ausrollen, die Rehfilets darin einwickeln, überstehende Reste abschneiden.
2 Blätterteigscheiben aufeinanderlegen, auf Mehl zu einem Rechteck von 10 × 18 cm ausrollen, abmehlen, zur Seite legen. Dann 3 Scheiben aufeinanderlegen, zu einem Rechteck von 14 × 22 cm ausrollen, abmehlen, quer und längs je 2 Streifen von 1 cm Breite abrädeln, zur Seite legen. Das kleinere Rechteck mit Ei bestreichen, in die Mitte des vorbereiteten Backblechs legen. Darauf die verpackten Rehfilets legen, mit der größeren Teigplatte bedecken, die Ränder andrücken, mit Ei bestreichen. Mit den Teigstreifen, teilweise zu Rauten geschnitten, die Oberfläche schmücken. Die Teigdecke 4mal mit einem Küchenmesser 3 cm lang einschneiden, damit der Dampf beim Backen abziehen kann, mit Ei bestreichen. 15 Minuten ruhen lassen. 25 Minuten bei 220 °C backen.
Serviervorschlag: Preiselbeeren, Mangosauce (Seite 25) oder Karotten-Tomaten-Sauce (Seite 21).

VARIATIONEN

▷ Portionsweise in kleineren Blätterteigtaschen mit jeweils 2 Scheiben Rehfilet, auf beiden Seiten kurz angebraten, zubereiten. Die Backzeit verringert sich dann um 5 Minuten.
▷ Statt Wild Fisch, z.B. Goldbarsch-, Zander- oder Wallerfilet, verwenden.

In der Blätterteighülle

Filet Wellington Foto

Seit einigen Jahrzehnten schmückt das Filet Wellington – warm als auch kalt – festliche Menükarten in aller Welt. Man rechnet dieses Gericht wegen seines reizvollen Aussehens und seines Wohlgeschmackes zur sogenannten höheren Kochkunst (obwohl es gar nicht so schwierig zuzubereiten ist), und bei Galabuffets zählt man es zu den Prunkplatten.

Woher das Filet Wellington seinen berühmten Namen hat, weiß zwar niemand genau, aber es ranken sich Legenden und Anekdoten um dieses Küchenkunstwerk. Sir Arthur Wellesley, Herzog von Wellington, führte die englische Armee bei Waterloo in Belgien gegen Napoleon. Sie war verbündet mit den Preußen, die in der Silvesternacht 1814 unter Führung von Feldmarschall Blücher bei Caub den Rhein überquerten und den Engländern zu Hilfe eilten. Gemeinsam konnten sie Napoleon endgültig schlagen, deshalb nannte man diese Schlacht auch *Belle Alliance*. Gemeinsam wurde auch der Sieg gefeiert, wobei Wellington mit den Worten zu Tisch bat: »Meine Herren, laßt uns den Hauptgang Belle Alliance nennen.«

Nach einigen leckeren kalten Vorspeisen servierte sein Leibkoch schließlich auf einer silbernen Platte im warmen Licht der Kerzen nach Butter, Madeira und Pilzen duftendes Filet in einer Blätterteighülle. Gekonnt schnitt er fingerdicke Scheiben ab und servierte dem Ehrengast Feldmarschall Blücher als erstem. Angenehm gesättigt meinte dieser schließlich, man solle doch dem Koch und seiner Mannschaft für dieses vorzügliche Gericht einen Verdienstorden geben und es Filet Wellington nennen. Und so heißt es heute noch.

Füllung

150 g Zwiebelwürfel
20 g Butter
150 g Champignons, gewürfelt
150 g frischer Spinat, grob gehackt
4 EL Tomatenmark
4 EL Semmelbrösel
100 g Crème fraiche
100 g gekochter Schinken, klein gewürfelt

1 kg abgehangenes Rinderfilet
vom Mittelstück, gehäutet
30 g Maiskeimöl
Salz
schwarzer Pfeffer
Macisblüte
4 cl Weinbrand

2 Packungen TK-Blätterteig, aufgetaut
Mehl
1 Ei, aufgeschlagen

Für die Füllung die Zwiebeln in der Butter glasig dünsten, die restlichen Zutaten untermischen, Champignons und Spinat gar werden lassen, erkalten lassen.

Das Rinderfilet im heißen Öl rundum etwa 10 Minuten scharf anbraten. Mit Salz, Pfeffer und Macisblüte würzen, mit Weinbrand begießen, kalt stellen.

4 Teigplatten übereinanderlegen, auf Mehl gleichmäßig zu einem Rechteck von 45 × 55 cm ausrollen und beide Seiten abmehlen. Die Teigrän-

In der Blätterteighülle

der und die Mitte mit Ei bestreichen. In die Mitte die Füllung 1 cm dick in der Länge des Rinderfilets verteilen. Das Fleisch darauflegen, 1 cm dick Füllung daraufstreichen. Den Teig darüberdecken, locker andrücken, die Ränder zusammendrücken. Mit Ei bestreichen und auf das vorbereitete Backblech legen. Dann 2 Teigblätter zusammenlegen, 1 Rechteck von 20 × 30 cm ausrollen, beiderseits abmehlen, 2 cm breite Streifen abrädeln und quer über die Teigrolle legen. Andrücken, mit Ei bestreichen, mit einer Gabel 4mal in den Teig stechen. 15 Minuten ruhen lassen, bei 220 °C 40 Minuten backen. Noch 10 Minuten im ausgeschalteten Backofen ruhen lassen, mit einem scharfen Messer daumendicke Scheiben abschneiden.

Serviervorschlag: Champignonsauce mit Madeira (Seite 24).

VARIATION

Das Rinderfilet klein würfeln, in Butter 10 Minuten anbraten, würzen und warm unter die Füllung mischen. Kugeln von ca. 100 g daraus formen, wie Apfel im Schlafrock (Seite 44), aber ungezuckert, weiter behandeln.

HINWEIS

Die Füllung kann auch für Blätterteighörnchen oder -taschen verwendet werden.

Hähnchenbrust Cordon bleu

4 Hähnchenbrusthälften, ohne
Haut und Knochen
20 g Butter
Salz
Macisblüte
Paprikapulver, edelsüß
4 Scheiben Allgäuer Emmentaler ohne
Rinde, je 10 g
4 Scheiben gekochter Schinken, je 15 g

1 Packung TK-Blätterteig, aufgetaut
Mehl
1 Ei, aufgeschlagen

Jede Hähnchenbrusthälfte in 2 gleich große Scheiben schneiden. In heißer Butter auf beiden Seiten anbraten, würzen und erkalten lassen. Auf jede Hähnchenscheibe 1 Scheibe Käse, darüber 1 Scheibe gekochten Schinken legen, mit einer zweiten Hähnchenscheibe bedecken.
Auf Mehl 4 Teigblätter gleichmäßig zu Rechtecken von 17 × 20 cm ausrollen, abmehlen und mit Ei bestreichen. In die Mitte jeweils die vorbereitete Hähnchenbrust legen, mit Teig bedecken, die Ränder andrücken, mit Ei bestreichen und auf das vorbereitete Backblech setzen. 25 Minuten bei 220 °C backen.
Serviervorschlag: Blumenkohl-, Schwarzwurzel- oder Lauchgemüse.

VARIATION

Statt Hähnchen eignet sich auch Pute, Poularde oder Rebhuhn.

GEMÜSE UND PILZE IN BLÄTTERTEIG

Chicorée, gefüllt und gebacken

5 Portionen
5 Chicoréestauden
250 g Kalbsbratwurstfülle
1 Ei
4 EL Semmelbrösel
Salz
Senfkörner
2 EL Dillspitzen, gehackt

1 Packung TK-Blätterteig, aufgetaut
Mehl
1 Ei, aufgeschlagen
3 fingerdicke Scheiben Weißbrot,
die Rinde entfernt, die Scheiben
halbiert

Die Chicoréestauden längs halbieren, den Strunk keilförmig herausschneiden. Im eigenen Saft 10 Minuten dünsten, erkalten lassen, abtupfen. Die Bratwurstfülle mit Ei, Semmelbröseln und Gewürzen mischen, auf die Schnittseiten der Stauden verteilen, die Hälften zusammenklappen.
Die Teigblätter auf Mehl gleichmäßig zu Rechtecken von 20 × 17 cm ausrollen, abmehlen und mit Ei bestreichen. In die Mitte jedes Rechtecks ½ Scheibe Weißbrot legen, darauf die gefüllte Chicoréestaude. Den Teig von allen Seiten darüberdecken, mit Ei bestreichen, auf das vorbereitete Backblech setzen, 15 Minuten ruhen lassen. 25 Minuten bei 220 °C backen.

In der Blätterteighülle 41

Gefüllte Champignonköpfe

16 große, frische Champignons
300 g Kalbsbratwurstfülle
50 g frische Kräuter (Dill, Schnittlauch, Kerbel, Petersilie, Frühlingszwiebeln, je nach Jahreszeit), gehackt, Salz

2 Packungen TK-Blätterteig, aufgetaut
Mehl
1 Ei, aufgeschlagen

Die Champignons säubern, den Stiel herausschneiden, beim Kopf die untere Rundung abschneiden, daß er wie ein Schüsselchen steht. Stiele und Abschnitte klein hacken, mit den Kräutern und dem Salz unter die Wurstfülle mischen. Die Champignonköpfe mit der Mischung füllen, die Oberfläche mit feuchten Fingern glätten.
8 Teigblätter auf Mehl so dünn ausrollen, daß jeweils 2 Quadrate ausgerädelt werden können, beide Seiten abmehlen. In die Mitte jedes Quadrats 1 gefüllten Champignonkopf setzen. Die Teigränder mit Ei bestreichen, den Teig so über den Champignonkopf legen, daß er rundum eingehüllt ist, die Ränder leicht andrücken. Die Taschen mit der Nahtstelle nach unten auf ein vorbereitetes Backblech legen, mit Ei bestreichen, 20 Minuten bei 200 °C backen.
Serviervorschlag: Salat oder Gemüse der Saison.
Die Champignonköpfe bilden auch eine festliche Beilage zu Steaks, Lammrücken, Wild- und Geflügelgerichten.

Pfifferlinge in Blätterteigtaschen

400 g frische Pfifferlinge, geputzt, grob gehackt
2 Eier
Salz
weißer Pfeffer
1 Prise gemahlener Kümmel
50 g Semmelbrösel
100 g kleine Zwiebelwürfel
50 g Kerbel, grob gehackt
10 g Butter

1 Packung TK-Blätterteig, aufgetaut
Mehl
1 Ei, aufgeschlagen

Die Pfifferlinge mit Eiern, Gewürzen und Semmelbröseln mischen. Die Zwiebelwürfel mit dem Kerbel in der heißen Butter weich dünsten, unter die Pilze mischen.
4 Teigblätter auf Mehl zu Quadraten von etwa 12 cm Seitenlänge ausrollen, abmehlen. Aus dem 5. Teigblatt, etwas größer ausgerollt und abgemehlt, 4 Rosetten ausstechen. In die Mitte jedes Quadrats ¼ der Pilzmischung als flachgedrückte Kugel setzen. Die Teigränder mit Ei bestreichen, den Teig über den Pilzen übereinanderlegen und leicht andrücken. Die Taschen mit Ei bestreichen, je 1 Rosette in die Mitte setzen, leicht andrücken und mit Ei bestreichen. Auf ein vorbereitetes Backblech setzen, bei 200 °C etwa 20 Minuten bakken.
Serviervorschlag: Preiselbeeren und Quittengelee oder Tomatensalat.

Gefüllte Spinatblätter

500 g frischer, großblättriger Spinat
Salz

Vegetarische Füllung

100 g Weizen-, Gersten- oder
Roggenkörner (Naturkostladen),
über Nacht eingeweicht
400 g Kartoffeln, geschält,
gesalzen, trocken gedämpft
3 Eigelb
1 Prise geriebene Muskatnuß
4 EL gehackte Kräuter

1 Packung TK-Blätterteig, aufgetaut
Mehl
1 Ei, aufgeschlagen

Den Spinat kalt waschen, harte Stiele abschneiden. Die Blätter 2 Minuten in kochendes Wasser legen, herausnehmen, in kaltes Wasser legen, herausnehmen, auf Küchenkrepp abtropfen lassen, mit Salz bestreuen.
In der Zwischenzeit die eingeweichten Getreidekörner mit dem Einweichwasser etwa 30 Minuten kochen, bis sie weich sind und sich aus der Schale ein wenig lösen. In ein Sieb gießen (Wasser auffangen und für Suppe oder Sauce verwenden), erkalten lassen. Die noch heißen Kartoffeln mit Eigelb, Muskat und Kräutern verrühren, mit den kalten Körnern mischen. Je 3 TL von der Füllung in die Mitte der Spinatblätter häufen, die Seiten der Blätter darüberklappen, dann zusammenrollen wie ein Zigarillo.
Die Blätterteigscheiben auf Mehl dünn ausrollen, abmehlen, kleine Rechtecke ausrädeln und jeweils in die Mitte ein gerolltes Spinatblatt legen. Die Teigränder mit Ei bestreichen, den Teig über das Spinatblatt decken. Die Täschchen mit Ei bestreichen, 25 Minuten bei 220 °C backen.

VARIATIONEN

▷ Statt Spinatblätter Kopf-, Endivien-, Eichblatt- oder Eisbergsalatblätter verwenden. Für Wirsing- oder Weißkohlblätter die Füllung zu Kugeln von mittlerer Apfelgröße (ca. 60 g) formen.
▷ Zur Füllung angedünstete Zwiebelwürfel, Lauch- oder Frühlingszwiebelstreifen, gekochte Fenchel- oder Möhrenwürfel, Spinat oder Tomatenmark geben.

Frischer Spargel in Blätterteig   Foto

12 Stangen Spargel,
geschält, quer halbiert
4 Scheiben magerer, Schinken

1 Packung TK-Blätterteig, aufgetaut
Mehl
1 Ei, aufgeschlagen

Je 3 halbierte Spargelstangen mit 1 Scheibe Schinken umwickeln.
4 Teigblätter auf Mehl gleichmäßig dünn zu Rechtecken ausrollen. Auf beiden Seiten abmehlen, in die Mitte 1 Spargelpäckchen legen. Die Teigränder mit Ei bestreichen und so über den Spargel legen, daß beim Backen kein Saft heraustreten kann, sachte aufeinanderdrücken. Die gefüllten Taschen mit Ei bestreichen.

In der Blätterteighülle 43

Aus dem 5. ausgerollten Teigblatt 8 dünne Streifen rädeln, jeweils 2 kreuzweise über die Taschen legen, leicht andrücken, mit Ei bestreichen. Auf das vorbereitete Backblech legen, bei 200 °C etwa 25–30 Minuten goldgelb backen.
Serviervorschlag: Salate der Saison.

VARIATION

Statt Spargel geschälte, frische Gurken- und Fenchelstreifen, grüne Bohnen oder Wachsbohnen, Frühlingszwiebeln oder Lauch- und Chicoréestreifen mit Blätterteig umhüllen. Der Schinken kann auch wegbleiben.

OBST IN BLÄTTERTEIG

Äpfel im Schlafrock

4 mittelgroße Äpfel,
Boskop oder Gravensteiner
50 g Rosinen
50 g Mandeln oder Nüsse, gemahlen
4 EL Apfelsaft

1 Packung TK-Blätterteig, aufgetaut
Mehl, 1 Ei, aufgeschlagen

Die Äpfel schälen, das Kerngehäuse ausstechen. Die Rosinen mit Nüssen und Apfelsaft vermengen, in die ausgehöhlten Äpfel füllen.

4 Blätterteigscheiben auf Mehl zu Quadraten von 12 cm Seitenlänge ausrollen und abmehlen. Mit Ei bestreichen, je 1 Apfel in die Mitte setzen, die 4 Teigecken darüberschlagen, leicht andrücken, mit Ei bestreichen. Die 5. Teigscheibe leicht ausrollen, abmehlen, 4 Rosetten ausstechen. Auf jede Tasche 1 Rosette drücken, mit Ei bestreichen. 15 Minuten ruhen lassen. Auf das vorbereitete Backblech setzen, 20 Minuten bei 200 °C backen. Die Äpfel im Schlafrock vom Blech nehmen, auf eine Platte legen und entweder mit Puderzucker bestreuen oder mit Glasur bepinseln.

1 Den ausgehöhlten Apfel füllen,
2 mit Teig umhüllen,
3 mit einer Teigrosette verzieren,
4 nach dem Backen bestäuben.

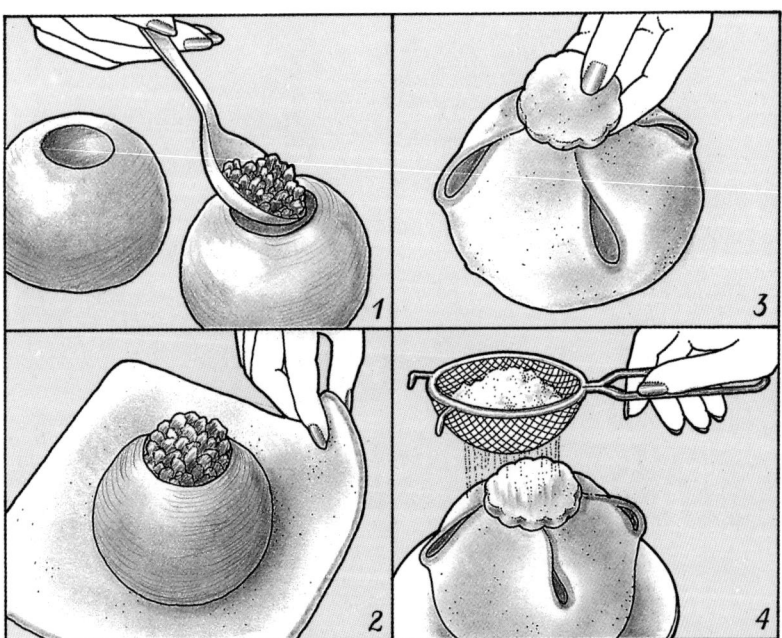

In der Blätterteighülle 45

Serviervorschlag: Ungezuckert als Beilage zu Wild-, Rind-, Gänse- oder Entenbraten. Gezuckert mit Schlagsahne, Vanille-, Erdbeer-, Himbeer- oder Zitroneneis.

Gefüllte Riesenerdbeeren
10 Stück

1 Packung TK-Blätterteig, aufgetaut
Mehl
1 Ei, aufgeschlagen

10 große Erdbeeren, kalt gewaschen,
entstielt, längs halbiert
100 g Marzipanrohmasse
(Naturkostladen), in 10 Scheiben
geschnitten (so groß wie die Erdbeeren)
und in Puderzucker gewendet
10 5 mm dünne Quadrate
aus rindenlosem Vollkornbrot,
Seitenlänge 3 cm
Orangenmarmelade

Die Teigblätter auf Mehl dünn zu Rechtecken von 12 × 20 cm ausrollen und abmehlen. Quer in der Mitte durchrädeln, die Ränder mit Ei bestreichen.
Auf 10 Erdbeerhälften 1 Marzipanscheibe legen, die anderen Hälften daraufsetzen, die gefüllten Erdbeeren auf die mit Orangenmarmelade (Ränder nicht vergessen!) bestrichenen Brotscheiben setzen. In die Mitte der Teigrechtecke legen, den Teig darüberdecken, die Ränder sanft andrücken. Die Taschen mit Ei bestreichen, auf das vorbereitete Backblech geben und 15 Minuten ruhen lassen. 20 Minuten bei 220 °C backen.

Serviervorschlag: Ofenfrisch, mit Puderzucker bestreut, als Dessert zu Vanilleeis. Heiß oder kalt zum Kaffee, zu Fruchtsäften, Tee oder Milch.

VARIATION

Statt Erdbeeren enthäutete und entsteinte Pfirsich- oder Aprikosenhälften verwenden.

Preiselbeeren in Blätterteigtäschchen
12 Stück

300 g Preiselbeeren
60 g Zwiebackbrösel

1 Packung TK-Blätterteig, aufgetaut
Mehl, 1 Ei, aufgeschlagen

Die Preiselbeeren mit den Zwiebackbröseln mischen und 10 Minuten quellen lassen.
4 Teigplatten auf Mehl dünn ausrollen, aus jeder 3 Quadrate mit 5 cm Seitenlänge rädeln. Abmehlen, die Teigränder mit Ei bestreichen, in die Mitte jeweils 3 EL Preiselbeeren geben. Die Ecken darüberschlagen, die Täschchen mit Ei bestreichen. Aus den abgemehlten Teigresten, übereinandergelegt und dünn ausgerollt, 12 Rosetten ausstechen und in die Mitte der Täschchen setzen. Mit Ei bestreichen, 15 Minuten auf dem vorbereiteten Backblech ruhen lassen, 15 Minuten bei 220 °C backen.
Serviervorschlag: Heiß zu Wild- oder Rinderbraten und Geflügel. Kalt, mit Puderzucker bestreut, als pikantes Gebäck.

Bananen in Blätterteig Foto
5 Stück

| 1 Packung TK-Blätterteig, aufgetaut |
| Mehl |
| 1 Ei, aufgeschlagen |
| 5 Bananen, geschält, auf 8 cm Länge zugeschnitten |

Jedes Teigblatt auf Mehl zu einem Rechteck von 12 × 17 cm ausrollen. Abmehlen, die Teigränder mit Ei bestreichen. In die Mitte die Banane legen, mit Teig umhüllen, die Ränder festdrücken, die Taschen mit Ei bestreichen. Auf das vorbereitete Backblech setzen, 15 Minuten ruhen lassen. 20 Minuten bei 200 °C backen, mit Puderzucker bestreuen.

VARIATION

Die Bananen mit Curry bestreuen und als pikante Vorspeise, mit Petersilie garniert servieren.

Kurpflaumenspitzen
10 Stück

| 50 g Marzipanrohmasse (Naturkostladen) |
| 2 cl Weinbrand |
| 10 getrocknete Kurpflaumen, entsteint, klein gewürfelt |
| 1 Packung TK-Blätterteig, aufgetaut |
| Mehl, 1 Ei, aufgeschlagen |
| Aprikosenkonfitüre, erhitzt |
| Zuckerglasur |

Die Marzipanrohmasse mit dem Weinbrand glatt verkneten, die Trockenpflaumen untermengen und 10 Kugeln formen. Die Teigplatten auf Mehl zu Rechtecken von 20 × 15 cm ausrollen und abmehlen. Jedes Rechteck diagonal in 2 Dreiecke rädeln. Mit Ei bestreichen, auf jedes Dreieck 1 Marzipankugel legen, die Teigecken aufeinanderlegen, die Ränder andrücken. Die Taschen mit Ei bestreichen, auf das vorbereitete Backblech setzen und 15 Minuten ruhen lassen. 20 Minuten bei 220 °C backen, noch warm mit heißer Aprikosenkonfitüre bestreichen und mit Zuckerglasur überziehen.
Serviervorschlag: Unglasiert als Beilage zu Enten-, Gänse- und Geflügelbraten oder zu Wildgerichten.

Unter der Blätterteighaube

SUPPEN

Steinpilzsuppe

20 g Butter
50 g Zwiebelwürfel
100 g frische Steinpilze (oder Austernpilze, Champignons, Pfifferlinge), in Streifen geschnitten
1 l Fleischbrühe
Salz
Macisblüte
1 EL Zitronensaft
2 EL Petersilie, gehackt
4 vorgebackene Blätterteighäubchen (Seite 49)

In der heißen Butter Zwiebeln und Steinpilzstreifen andünsten. Die kochende Brühe auffüllen, etwa 10 Minuten leicht köcheln lassen. Würzen, Zitronensaft hineinträufeln und mit gehackter Petersilie bestreuen. In Suppentassen füllen, auf jede 1 erhitztes Blätterteighäubchen setzen.

Hühnersuppe

20 g Kokosfett
4 EL Zwiebelwürfel
4 EL rote Paprikaschotenwürfel
2 EL Currypulver
50 g Kokosraspeln
1 l Hühnerbrühe
5 gefüllte Oliven, klein gehackt
4 vorgebackene Blätterteighäubchen (Seite 49)

Im heißen Kokosfett Zwiebel- und Paprikawürfel 5 Minuten andünsten. Curry dazustreuen, umrühren, die Kokosraspeln dazugeben, umrühren. Mit kochender Hühnerbrühe auffüllen, 5 Minuten leicht köcheln lassen. Die Suppe mit den gehackten Oliven bestreuen, in 4 Suppentassen umfüllen und jeweils 1 vorher erhitztes Blätterteighäubchen daraufsetzen.

Grünkerncremesuppe

30 g Butter
50 g Grünkernmehl (Naturkostladen)
1 l Fleischbrühe
2 Eigelb
⅛ l süße Sahne
Salz
Macisblüte
1 EL Petersilie, gehackt
1 EL Zitronensaft
1 Packung TK-Blätterteig, aufgetaut, oder
4 vorgebackene Blätterteighäubchen (Seite 49)

In der Butter das Grünkernmehl 5 Minuten leicht anrösten. Langsam mit kochender Fleischbrühe auffüllen, dabei umrühren. Die Suppe 15 Minuten leicht kochen lassen, vom Herd nehmen. Eigelb und Sahne vermischen, unter die Suppe rühren, mit Salz und Macisblüte würzen. Mit Petersilie bestreuen und Zitronensaft darüberträufeln. Die Suppe in 4 Suppentassen verteilen. Den Blätterteig ausrollen, Kreise mit etwas größerem Durchmesser als die Suppentassen ausstechen. Diese Blätterteigdeckel auf die mit Wasser angefeuchteten Tassenränder drücken und im Backofen 20 Minuten bei 220 °C backen. Oder vorgebackene Häubchen erhitzen und auf die heiße Suppe setzen.

Frische Kerbelsuppe

20 g Butter
4 EL Grünkernmehl (Naturkostladen)
1 l Fleischbrühe
2 Eigelb
⅛ l süße Sahne
Salz
1 Prise geriebene Muskatnuß
100 g frischer Kerbel, grob gehackt
4 EL Weißwein
4 vorgebackene Blätterteighäubchen (unten)

In der warmen Butter das Grünkernmehl 5 Minuten leicht rösten. Langsam kochende Brühe auffüllen, dabei umrühren, 15 Minuten leicht köcheln lassen. Eigelb und Sahne mischen, dazugeben, mit Salz und Muskat würzen und den Kerbel dazurühren. Nicht mehr kochen. Weißwein in die Suppe träufeln, in 4 Suppentassen verteilen, jeweils mit 1 vorher erhitzten Blätterteighäubchen krönen.

Blätterteighäubchen

4 (ausgediente) Teetassen ohne Henkel
Alufolie
flüssige Butter
1 Packung TK-Blätterteig, aufgetaut
Mehl
1 Ei, aufgeschlagen

Die umgedrehten Tassen lückenlos mit Alufolie umwickeln und auf das Backblech setzen. Die Alufolie vollständig mit flüssiger Butter einpinseln. 4 Teigblätter auf Mehl zu gleichmäßig dünnen Quadraten ausrollen, abmehlen und so über die Alukuppeln legen, daß unten um die Tasse ein etwa 1 cm breiter Rand liegt. Den Teig mit beiden Händen gefühlvoll an die Tasse drücken und mit Ei bestreichen. Das 5. Teigblatt gleichmäßig ausrollen, abmehlen und daraus 4 Rosetten ausstechen. Auf jede Teigkuppel 1 Rosette legen, leicht andrücken, mit Ei bestreichen. Im Backofen bei 200 °C 10–15 Minuten goldgelb backen, 5 Minuten auskühlen lassen, dann die Teighäubchen von der Folie abheben.

HINWEISE UND SERVIERVORSCHLÄGE

▷ Für *kleinere Häubchen* Mokka- oder Espressotassen nehmen. Für größere Häubchen 2 oder 3 Teigblätter übereinanderlegen.
▷ Zum *Aufbewahren* die Häubchen ausgekühlt übereinanderstülpen, Frischhaltefolie dazwischenlegen. Vor dem Anrichten etwa 6 Minuten bei 200 °C erhitzen.

Süße Häubchen: Man setzt sie in Täßchen und füllt sie mit Schlagsahne, Eis, Obstsalat, abgetropften Rum- oder Weinbrandfrüchten, Pudding oder Creme. Sie bilden außerdem eine leckere Schale für frische Früchte der Saison.

Herzhafte Häubchen: Man krönt damit Fleisch-, Fisch- und Gemüseplatten, »behütet« Kartoffelbreiportionen oder füllt sie mit Erbsen, Möhren, Blumenkohlröschen, Spinat, Mischgemüse, Reis oder Nudeln. Als komplett eßbarer »Vorspeisenteller« kann man darin auch kalte und warme Vorspeisen wie Spargelcocktail oder Krabbensalat anrichten. Damit die gefüllten Häubchen stehen bleiben, auf einen Kleks Kartoffelbrei setzen.

PIES ODER SCHÜSSELPASTETEN

Pies, die zu den traditionellen Gerichten Englands zählen und dort sehr beliebt sind, nennt man auch Schüsselpasteten, weil Fleisch, Fisch, Gemüse oder Obst in einer Auflaufform, mit einer Teigplatte zugedeckt, gebacken wird. Eigentlich gibt es einen eigenen Pieteig; Blätterteig ist aber eine gute Alternative, vor allem bei den süßen Varianten.

Pies werden in runden, ovalen oder eckigen Formen aus Alufolie, Ton, feuerfestem Glas oder feuerfester Keramik zubereitet. Herzhafte Pies schmecken warm am besten, während Früchtepies vor allem im Sommer als süße Mahlzeit oder Nachtisch auch kalt willkommen sind.

Auberginenüberraschung

2 Auberginen
1 Prise Salz
4 kleine, ovale, feuerfeste Schalen, Randhöhe 3 cm
150 g Rindfleisch, mittelfein durchgedreht, 2 Eier
150 g Langkornreis, gekocht, abgetropft
50 g rote Paprikaschotenwürfel
2 EL Tomatenmark
1 Prise Origano
1 Prise gekörnte Brühe
2 Knoblauchzehen, geschält, klein gehackt

1 Packung TK-Blätterteig, aufgetaut
Mehl
1 Ei, aufgeschlagen

Die Auberginen waschen, längs halbieren, mit einem Suppenlöffel leicht aushöhlen (rundum ca. 1 cm Fruchtfleisch stehenlassen), das ausgehöhlte Fruchtfleisch klein hacken. Die Fruchthälften in wenig Wasser kurz aufkochen, erkalten lassen, abtupfen, leicht salzen und mit der Wölbung nach unten in die Schalen legen.

Für die Füllung das Rindfleisch mit Eiern, Reis, Paprika, Tomatenmark, Origano, gekörnter Brühe und Knoblauch vermischen. Je ¼ der Masse in die ausgehöhlten Auberginen streichen, mit Ei (auch den Fruchtfleischrand) bepinseln.

4 Teigblätter auf Mehl oval ausrollen, daß sie über die Schalen passen, abmehlen, darüberlegen, die Ränder leicht andrücken, mit Ei bestreichen. Das 5. Teigblatt ausrollen, abmehlen, 8 Streifen von 1 cm Breite ausrädeln, 2 weitere Streifen zu Rauten schneiden. Je 2 Teigstreifen kreuzweise auf die Deckel legen, mit Ei bestreichen und mit Rauten schmücken. Mit dem Küchenmesser einige Male in den Teig schneiden, damit der Dampf beim Backen abziehen kann. 15 Minuten ruhen lassen, bei 220 °C 25 Minuten backen.

Serviervorschlag: Salate der Saison oder Quark-Sahne-Sauce mit Kräutern (Seite 24).

VARIATION

Statt Auberginen Gurken, Zucchini oder Kohlrabi verwenden (evtl. in kleinere Stücke teilen).

Unter der Blätterteighaube 51

Feines Ragout unter der Haube
Foto

600 g fertig zubereitetes Ragout
(Rezepte: Füll- und Formpasteten,
Seite 61)
4 flache, feuerfeste Schüsseln,
10 cm Durchmesser

1 Packung TK-Blätterteig, aufgetaut
Mehl
1 Ei, aufgeschlagen

Das Ragout in die Schüsseln verteilen und glattstreichen. 4 Teigblätter auf Mehl gleichmäßig dünn ausrollen, jeweils 1 Kreis mit 12 cm Durchmesser ausrädeln. Abmehlen, über das Ragout decken, den Teig am Schüsselrand sanft andrücken. Den Blätterteigdeckel mit Ei bestreichen, mit einer Gabel 4mal durchstechen, damit beim Backen der Dampf entweichen kann. Die 5. Teigscheibe ausrollen, abmehlen, mit den abgemehlten Blätterteigresten zusammenlegen, ausrollen und Plätzchen ausstechen. Die Deckel damit verzieren, mit Ei bestreichen, die Schüsseln auf das Backblech stellen. 20 Minuten bei 200 °C backen.

Serviervorschlag: Salat oder Gemüse.

Schottischer Festtagspie

30 g Butter, 100 g Zwiebelwürfel
200 g gekochter Schinken, klein gewürfelt
4 Eier, ¼ l süße Sahne
Salz, weißer Pfeffer, 1 Prise Origano
3 EL Petersilie, gehackt
300 g Kartoffeln, gekocht, geschält, in dünne Scheiben geschnitten
200 g Tomaten, in Scheiben geschnitten
6 Eier, hart gekocht, geschält, in Scheiben geschnitten

1 Packung TK-Blätterteig, aufgetaut
Mehl, 1 Ei, aufgeschlagen

In der Butter die Zwiebeln weich dünsten, den Schinken dazugeben. Die Eier mit der Sahne verquirlen, Gewürze und Petersilie untermischen. Eine feuerfeste Form ausbuttern, schichtweise Kartoffel-, Tomaten-, Eischeiben und den angedünsteten Schinken einfüllen. Die Eiersahne darübergießen.
2 Teigblätter zusammenlegen, auf Mehl 3 mm dünn ausrollen, abmehlen und über die Füllung decken. Den Teig leicht an den Formrand drücken, überstehenden Teig mit der Schere abschneiden, den Deckel mit Ei bestreichen. 2 weitere Teigblätter zusammenlegen, 3 mm dünn ausrollen, abmehlen und daraus Blätter, Herzen und Halbmonde ausstechen. Den Deckel in der Mitte mit einem Messer kreuzweise einritzen, damit der Dampf abziehen kann, und mit den mit Ei bestrichenen Plätzchen verzieren. 15 Minuten im Kühlschrank ruhen lassen, anschließend bei 200 °C 35 Minuten backen.

Spinatpie
Für 4–8 Personen

100 g Zwiebelwürfel, 20 g Butter
1 kg Spinat, entstielt, gebrüht, erkaltet
3 EL Petersilie, gehackt
Salz, 1 Prise Muskat, Koriander
3 Knoblauchzehen, geschält, gehackt
3 Eier
400 g Quark, abgetropft

1 Packung TK-Blätterteig, aufgetaut
Mehl
1 Ei, aufgeschlagen

Eine Springform mit Backpapier, das in kaltes Wasser getaucht wurde, auslegen. Die Zwiebeln in der Butter weich dünsten, den Spinat dazugeben, erhitzen, mit Petersilie, Salz, Muskat, Koriander und Knoblauch würzen, die Eier dazurühren. Den Quark untermischen und kalt stellen.
4 Teigblätter übereinanderlegen, auf Mehl 4 mm dick ausrollen und abmehlen. Die Springform als Maß auf den Teig stellen und rundherum einen 1,5 cm breiteren Kreis ausrädeln. Die abgekühlte Spinatfüllung in die Springform geben, glattstreichen, den Teigrundling auf das Nudelholz wickeln und über die Form »ziehen«. Den überstehenden Rand an die Form drücken, den Deckel mit Ei bestreichen, mit einer Gabel einstippen, damit der Dampf abziehen kann. Die 5. Teigscheibe ausrollen, abmehlen, Schmuckornamente ausrädeln, leicht auf den Deckel drücken und mit Ei bestreichen. 15 Minuten ruhen lassen, 25 Minuten bei 220 °C backen.

Karpfenpie

10 g Butter
50 g Zwiebelstreifen
100 g Lauchstreifen
100 g Möhrenscheiben
¼ l Weißwein, 4 EL Apfelessig
1 kg Karpfen, gesäubert, entgrätet,
in 2 cm breite Stücke geschnitten
Salz
½ geschälte Zwiebel, mit 1 Lorbeerblatt
und 2 Nelken gespickt
1 Auflaufform aus Glas, 7 cm hoch

1 Packung TK-Blätterteig, aufgetaut
Mehl
1 Ei, aufgeschlagen

In der Butter Zwiebeln, Lauch und Möhren andünsten, nach 10 Minuten mit Weißwein und Essig ablöschen. Die Karpfenstücke dazulegen, salzen, die gespickte Zwiebel dazugeben und zugedeckt etwa 15 Minuten dünsten. In die Form geben und erkalten lassen.
3 Blätterteigscheiben zusammenlegen, auf Mehl 4 mm dick ausrollen, abmehlen und einen Deckel – etwas größer als die Form – ausrädeln. Auf das Nudelholz rollen und über den Karpfen decken, am Rand der Form mit Daumen und Zeigefinger leicht andrücken, mit Ei bestreichen. Eine weitere Teigplatte ausrollen, abmehlen, Herzen und Halbmonde ausstechen und leicht auf den Teigdeckel drücken. Mit Ei bestreichen, 4mal mit einer Gabel in den Deckel stippen, 15 Minuten ruhen lassen. 35 Minuten bei 220 °C backen.
Serviervorschlag: Meerrettichsauce (Seite 20), Salate.

Ananas Alaska

2 frische Ananas
200 g frische Kirschen, gewaschen,
entsteint
500 g frische Erdbeeren,
gewaschen, entstielt, geviertelt
2 Bananen, geschält,
in dünne Scheiben geschnitten
50 g Zucker
2 cl Curaçao-Likör
4 kleine, ovale, feuerfeste Schalen,
Randhöhe 3 cm

1 Packung TK-Blätterteig, aufgetaut
Mehl
1 Ei, aufgeschlagen

Die Ananas der Länge nach halbieren, das Fruchtfleisch herausschneiden, dabei einen Rand von 1,5 cm stehenlassen. Das Fruchtfleisch würfeln, mit den Kirschen, Erdbeeren und Bananen mischen. Die Masse mit Zucker und Curaçao würzen und so viel in die Ananashälften füllen, daß ein leichter Hügel entsteht. Den Fruchtfleischrand mit Ei bestreichen, die Früchte in die Schalen legen.
4 Teigblätter auf Mehl oval und dünn ausrollen, so daß sie über die gefüllten Schalen passen, abmehlen. Die Deckel »überziehen«, die Ränder andrücken, mit Ei bestreichen. Aus der 5. ausgerollten Teigplatte Halbmonde ausstechen, die Deckel damit verzieren, mit Ei bestreichen. Einige Einschnitte mit dem Messer anbringen, damit der Dampf beim Backen abziehen kann. 15 Minuten ruhen lassen, 20 Minuten bei 220 °C backen. Mit Puderzucker bestreuen.
Serviervorschlag: Vanilleeis.

Rhabarberpie
Für 4–6 Personen

2 kg Rhabarber, geschält,
in 2 cm lange Stücke geschnitten
¼ l Apfelsaft
80 g Zucker (nach Geschmack) oder
entsprechende Menge Süßstoff
1 Stange Zimt
1 Päckchen Vanillepuddingpulver
½ l Milch
10 g Butter
1 feuerfeste Glasform, 7 cm hoch,
oder 1 Springform, 28 cm Durchmesser

1 Packung TK-Blätterteig, aufgetaut
Mehl
1 Ei, aufgeschlagen

Den Rhabarber mit Apfelsaft, Zucker und Zimt leicht gar köcheln lassen, daß er noch Biß hat. Das Puddingpulver mit der kalten Milch anrühren, den Rhabarber damit binden und kalt stellen. Die Form buttern und den Rhabarber hineingeben.
2 Teigblätter zusammenlegen, auf Mehl gleichmäßig 3 mm dick etwas größer als die Form ausrollen, abmehlen. Auf das Wellholz aufrollen, über dem Rhabarber abrollen, den Rand andrücken. Mit Ei bestreichen, mit der Gabel einstippen und 15 Minuten ruhen lassen. 30 Minuten bei 220 °C backen.

VARIATION

Statt Rhabarber entsteinte und halbierte Pflaumen oder Zwetschgen, enthäutete Aprikosen- oder Pfirsichstücke, entsteinte Sauer- und Süßkirschen oder Beeren nehmen. Man kann die Früchte auch mischen.

Honigmelone Eskimo
Foto Seite 47

2 Honigmelonen
200 g frische Erdbeeren, gewaschen,
entstielt, in Scheiben geschnitten
2 Pfirsiche, gewaschen,
entsteint, in Würfel geschnitten
3 EL Zucker
2 cl Kirschwasser
3 Bananen, geschält,
in dünne Scheiben geschnitten
4 flache, ovale, feuerfeste Schalen

1 Packung TK-Blätterteig, aufgetaut
Mehl
12 Kugeln Vanilleeis (Fertigprodukt)
1 Ei, aufgeschlagen

Die Melonen halbieren, entkernen, mit einem Suppenlöffel leicht aushöhlen. Die Schale unten etwas abflachen, damit die Hälften stehen. Erdbeeren, Pfirsiche und das gewürfelte, ausgehöhlte Melonenfleisch mit Zucker und Kirschwasser mischen. In die Melonenkelche füllen, rundum mit Bananenscheiben belegen. In die feuerfesten Schalen setzen.
4 Teigblätter auf Mehl dünn ausrollen und große Kreise ausstechen, abmehlen. Je 3 Eiskugeln auf die Fruchtmischung setzen, die Teigkreise so über die Schalen decken, daß die Ränder überstehen. Die Ränder festdrücken, mit Ei bestreichen. Aus dem 5. ausgerollten Teigblatt Sterne ausstechen, auf die Teigdecke setzen, mit Ei bestreichen. Mit dem Messer Einschnitte anbringen, damit der Dampf beim Backen abziehen kann. Bei 220 °C 10 Minuten backen.

Füll- und Formpasteten

56 Füll- und Formpasteten

Königinpastete

Wie um das Filet Wellington (Seite 38) spinnen sich auch um die Königinpastete Legenden. So soll es die Gemahlin Ludwig XV. von Frankreich (1710–1776) gewesen sein, der dieser wahrhaft königliche Leckerbissen seinen Namen verdankt. Die beleibte Dame frönte einer Leidenschaft ganz besonders, nämlich dem Essen. Eines Tages besuchte Madame Pompadour die Königin, um – wie so oft – mit ihr zu plaudern und zu speisen. Der Hofküchenmeister servierte unter anderem kleine, knusprige Blätterteigpasteten vom Schöpfer Claude Lorrain, die damals ausschließlich dem Hofe vorbehalten waren. Sie dufteten nach heißer Butter und waren gefüllt mit einem rahmweißen Ragout, das aus gedünsteten Kalbfleischwürfeln oder Poulardenbruststreifen bestand, genau weiß man es nicht mehr. Die Pompadour war begeistert und wollte wissen, wie man diese Köstlichkeit nennt. Die Königin antwortete: »Mein Küchenchef ließ sie mir schon öfter servieren, jedesmal zu meiner großen Freude, doch wie sie heißt, hat er mir noch nicht verraten, meine Verehrte.« »Nennen wir sie doch einfach nach Ihnen«, schlug die Pompadour vor. Die »bouche à la reine«, zu deutsch Königinpastete, war geboren.

Unter diesem Namen eroberte sie sich rasch einen der ersten Plätze als warme Vorspeise, zunächst an den Höfen Europas, dann aber auch in den erstklassigen Hotels. Ein Stern am kulinarischen Himmel war aufgegangen.

6 Stück

2 Packungen TK-Blätterteig, aufgetaut
⅛ l kaltes Wasser
1 runder Ausstecher, 5 cm Durchmesser
1 Ei, aufgeschlagen
6 »Kamine«, aus Alufolie geformt, 6 cm hoch, Durchmesser 5 cm

6 Teigplatten mit Wasser bestreichen, je 2 Platten aufeinanderlegen, sanft andrücken, in der Mitte quer durchrädeln. Aus jedem Teil einen Rundling von 5 cm Durchmesser ausstechen und mit Ei bestreichen. 3 Teigplatten in der Mitte quer durchrädeln. Von den in der Mitte ausgestochenen Rechtecken jeweils 1 bündig daraufsetzen, so daß die Teigränder aufeinanderpassen und leicht andrücken. Die Ränder mit Ei bestreichen, mit den Rundlingen auf das vorbereitete Backblech setzen. Auf jeden Rundling 1 Alufolienkamin setzen, damit der Teigrand gleichmäßig hochsteigen kann. 15 Minuten ruhen lassen, bei 200 °C backen. Nach etwa 10–12 Minuten die gebackenen Rundlinge mit einem Messer vom Blech heben und auf eine Platte legen, die Rechtecke noch etwa 5–8 Minuten weiterbacken. Die Aluröllchen herausnehmen, die gebackenen Rundlinge zur Seite legen, sie dienen später als Deckel. Die Füllung (rechts) in die Öffnung des Rechtecks geben, Deckel aufsetzen.
Serviervorschlag: Worcestersauce und Zitronenscheiben.

HINWEIS

Die übrige Teigplatte mit den Resten ausrollen, mit Ei bestreichen und als Beilage mitbacken.

Füll- und Formpasteten

Füllung für Königinpastete
Für 10 Pasteten

100 g Kalbsbries
150 g Kalbshirn
1 l Wasser
250 g Kalbfleisch,
aus Keule oder Schulter
1 Kalbszunge
Salz
1 Möhre, geputzt
100 g Lauch, geputzt
100 g Sellerieknolle, geschält
20 g Butter
200 g frische Champignons,
in Scheiben geschnitten

Weiße Sauce

½ l Kochbrühe
4 EL Speisestärke
6 EL kalte Milch
6 EL Weißwein
Salz
Zitronensaft
1 EL Worcestersauce
1 TL gekörnte Brühe
2 Eigelb
⅛ l süße Sahne

Kalbsbries und Kalbshirn in einer Schüssel mit kaltem Wasser bedecken, damit sich die Haut besser abziehen läßt und das Blut ausgewaschen wird. In 1 l Wasser Kalbfleisch und Zunge mit wenig Salz aufkochen, Möhre, Lauch und Sellerie zusammenbinden, dazugeben und etwa 30 Minuten leicht kochen. Abgezogenes Kalbsbries 20 Minuten mitkochen. Die weiche Zunge (die Spitze muß sich mit den Fingern drücken lassen) in kaltes Wasser legen und die Haut abziehen. Das Kalbfleisch, das Bries und die Zunge mit einem scharfen Messer in kleine Würfel (½ cm) schneiden. Die Butter zerlassen, die Fleischwürfel mit den Champignonscheiben dazugeben und zugedeckt 5 Minuten dünsten.

Für die Sauce ½ l von der Kochbrühe abmessen und durch ein Sieb in eine Kasserolle gießen. Aufkochen, zum Binden Speisestärke und Milch mit einem kleinen Schneebesen anrühren, langsam in die Brühe rühren. Aufkochen lassen, mit Weißwein, Salz, Zitronensaft, Worcestersauce und gekörnter Brühe würzen. Die Sauce muß pikant säuerlich schmecken. Die Fleischwürfel mit dem abgezogenen, trockengetupften, grobgehackten Hirn vermischen und 5 Minuten zusammen dünsten. Die Mischung soll trocken sein, daher evtl. in ein Sieb gießen, abtropfen lassen und den Saft auffangen. Gerade so viel Sauce über die Fleisch-Pilz-Mischung gießen, daß sie dick gebunden ist. Einmal aufkochen, Eigelb und Sahne verquirlen und unterziehen. Das Ragout in die heiße Pastete füllen und den Deckel aufsetzen.

Füll- und Formpasteten 59

Runde Füllpastetchen
Foto

---
1 Packung TK-Blätterteig, aufgetaut
1 runder Ausstecher, 6 cm Durchmesser
Mehl
⅛ l kaltes Wasser
1 runder Ausstecher, 3 cm Durchmesser
1 Ei, aufgeschlagen
1 runder Ausstecher, 4 cm Durchmesser

1 Teigblatt auf Mehl dünn ausrollen, 4 Rundlinge mit 6 cm Durchmesser ausstechen. Abmehlen, auf das vorbereitete Backblech legen, mit kaltem Wasser bestreichen. Mit einer Gabel in die Mitte stippen. 4 Teigblätter ausrollen, jeweils 2 Rundlinge mit 6 cm Durchmesser ausstechen, abmehlen, aus jedem Plätzchen einen Rundling mit 3 cm Durchmesser ausstechen, daß 8 1,5 cm breite Teigringe entstehen. Die Ringe abmehlen, je 1 auf die Rundlinge auf dem Backblech legen, etwas andrücken, mit kaltem Wasser bestreichen und den 2. Ring darüberlegen. Etwas andrücken, vorsichtig mit Ei bestreichen. Die Teigreste abmehlen, übereinanderlegen, dünn (4 mm) ausrollen. 4 Plätzchen mit 4 cm Durchmesser als Deckel ausstechen, abmehlen, ebenfalls aufs Backblech legen und mit Ei bestreichen. Etwa 15 Minuten ruhen lassen, 25 Minuten bei 220 °C backen; die Deckelchen bereits nach 15 Minuten vom Blech heben. Den inneren Teig mit einem Messergriff eindrücken, die Pasteten nach Belieben füllen (Seite 61). Die Deckel aufsetzen.

Pastetenhaus, herzhaft und süß
Foto Seite 55

---
2 Packungen TK-Blätterteig, aufgetaut
Mehl
1 Ei, aufgeschlagen
1 Kugel aus Küchenkrepp, etwa 8 cm Durchmesser, mit Alufolie umhüllt

2 Teigplatten übereinanderlegen, auf Mehl gleichmäßig dünn (6 mm) ausrollen, abmehlen und einen runden Boden von 15 cm Durchmesser ausrädeln. Ein paar Mal mit einer Gabel einstechen, damit er sich beim Bakken nicht wellt. Auf das vorbereitete Backblech legen, die Teigränder mit kaltem Wasser bestreichen, die Alufolienkugel in die Mitte legen.
2 weitere Teigplatten übereinanderlegen, gleichmäßig dünn (4 mm) ausrollen, abmehlen und eine runde Platte von 20 cm Durchmesser ausrädeln. Über die Alukugel decken und mit beiden Händen so formen, daß die Teigränder aufeinanderliegen. Leicht andrücken, den Teig mit Ei bestreichen. 2 weitere Teigplatten übereinanderlegen, gleichmäßig dünn (4 mm) ausrollen, abmehlen. 2 Streifen von 2 cm Breite ausrädeln, kreuzförmig über die Teigkugel legen, andrücken und mit Ei bestreichen. 1 Rosette von 4 cm Durchmesser ausstechen, leicht auf das Kreuz drücken und mit Ei bestreichen. 15 Minuten ruhen lassen, 20 Minuten bei 200 °C backen. Vom fertigen Pastetenhaus eine 5 cm hohe Kuppe abschneiden und die Alufolienkugel herausnehmen. Das heiße Häuschen pikant füllen (Füllungen: Seite 61), den Deckel daraufsetzen.

60 Füll- und Formpasteten

Vol au vent

1 runde Schüssel, 20 cm Durchmesser
Alufolie, Glaswolle
2 Packungen TK-Blätterteig, aufgetaut
Mehl, 1 Ei, aufgeschlagen

Die Schüssel mit Alufolie auslegen, ein 10 cm breiter Rand soll überstehen. Vollständig mit Glaswolle ausfüllen, die überstehende Alufolie darüberklappen, die entstandene Halbkugel aus der Schüssel kippen.
3 Teigplatten übereinanderlegen, auf Mehl dünn zu einem Rundling von mehr als 28 cm Durchmesser ausrollen und abmehlen. Auf das vorbereitete Backblech legen, in die Mitte die Halbkugel setzen (Rundung nach oben!) und in 5 cm Abstand einen Kreis ausrädeln. 3 weitere Teigplatten und den Abfallteig übereinanderlegen, dünn ausrollen und einen Rundling von 30 cm Durchmesser ausrädeln. Den Rundling über die Halbkugel decken, die Teigränder leicht andrücken, den Teig mit einem Rand von 3 cm zur Halbkugel abrädeln, mit Ei bestreichen. 1 weitere Teigplatte und den Abfallteig dünn ausrollen, 2 Streifen von 3 cm Breite und 20 cm Länge ausrädeln und über den Rand um die Halbkugel legen. Ebenfalls mit Ei bestreichen. 1 weitere Teigplatte dünn ausrollen, 12 Streifen von 1 cm Breite ausrädeln, über die Halbkugel legen und mit Ei bestreichen. Zuletzt einen Rundling von 4 cm Durchmesser ausstechen, auf die Halbkugel setzen und mit Ei bestreichen. Das Pastetenhaus 20 Minuten ruhen lassen. Bei 200 °C 25 Minuten backen. Etwas auskühlen lassen, mit einem Sägemesser einen Deckel abschneiden und behutsam Alufolie und Glaswolle herausziehen. Dann etwas Butter in das Pastetenhaus geben und nochmals im Ofen bei 100 °C erhitzen. Auf eine vorgewärmte Platte stellen, füllen, den Deckel aufsetzen und auftragen.

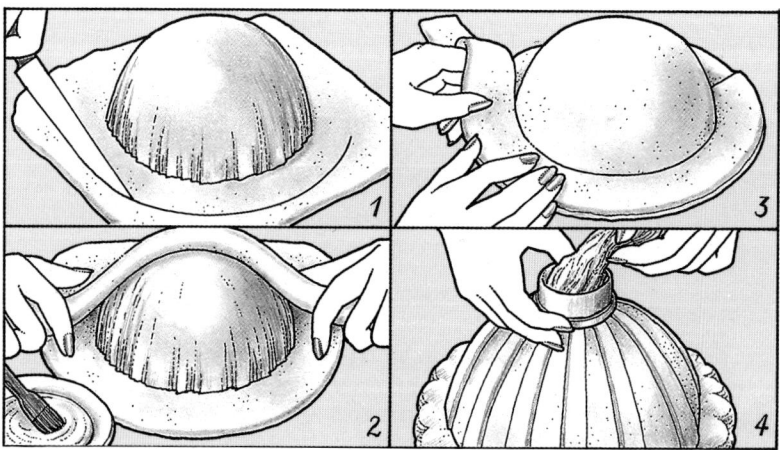

Füll- und Formpasteten

FÜLLUNGEN FÜR PASTETEN

Gemüsefüllung

10 g Butter
150 g kleine Zwiebelwürfel
50 g frische Kräuter, grob gehackt
400 g gedünstetes Gemüse
(z.B. Blumenkohl, Rosenkohl, Weißkohl, Spinat, Möhren, Sellerie, Brokkoli)
200 g Kartoffeln, gekocht, geschält
Salz, 1 Prise geriebene Muskatnuß
3 Eier

In der Butter die Zwiebelwürfel mit den Kräutern weich dünsten. Das Gemüse durch den Fleischwolf drehen (mittelfeine Scheibe) und in einem Küchentuch ausdrücken. Die gekochten Kartoffeln noch warm durchdrücken. Gemüse- und Kartoffelbrei mischen, mit allen anderen Zutaten gut vermengen. Die Füllung soll locker trocken sein.

Lachsgeschnetzeltes

40 g Butter, 400 g Lachsfilet,
in dünne Streifen geschnitten, Salz
1 Rezept Champignonsauce mit Madeira
(Seite 24)

In der heißen Butter die Lachsstreifen rasch schwenken, salzen und locker unter die Champignonsauce heben.

1 Halbkugel auf den Teig setzen,
2 mit Teigrundling bedecken,
3 Teigstreifen als Rand auflegen,
4 nach dem Backen Kugel herauszupfen.

Kalbfleischfüllung

½ l Wasser, 1 TL Salz
200 g rohe Kalbsbratwürste
10 g Butter
20 g frische Champignons,
in Scheiben geschnitten
⅛ l Sauce für Königinpastete
(Seite 57)

In das gesalzene, kochende Wasser die Bratwurstfülle mit den Fingern als kleine Kugeln hineindrücken, die Wursthaut mitköcheln. Wenn die Kugeln oben schwimmen, sind sie gar. Die Butter schmelzen, die Champignonscheiben dazugeben, 5 Minuten dünsten. Sie dürfen nicht zu feucht sein, daher evtl. abseihen. Die Bratwurstkugeln zu den Pilzen geben, umrühren und nur so viel weiße Sauce untermischen, daß die Masse gut gebunden ist.
Serviervorschlag: Zitronenecken und Worcestersauce.

Schinkenfüllung

10 g Butter, 100 g Zwiebelwürfel
200 g gekochter Schinken,
in Würfel geschnitten
100 g Lauch, in kleine Würfel geschnitten
100 g rindenloses Weißbrot, gewürfelt
Salz, weißer Pfeffer
1 Prise geriebene Muskatnuß
1 TL gekörnte Brühe
⅛ l saure Sahne

In der Butter die Zwiebeln andünsten, alle anderen Zutaten dazugeben und gut vermischen. Vor dem Füllen erst abkühlen lassen.

Hähnchenragout

20 g Butter
50 g rote Paprikaschotenwürfel
50 g gelbe Paprikaschotenwürfel
50 g grüne Paprikaschotenwürfel
¼ l Hühnerbrühe
5 EL Weißwein
4 EL Speisestärke
1 gekochtes Hähnchen, ohne Haut und Knochen, klein gewürfelt
5 EL süße Sahne
3 Eigelb
Salz
Macisblüte

In Butter die Paprikaschotenwürfel 10 Minuten andünsten. Mit Hühnerbrühe auffüllen und sachte kochen. Speisestärke in Weißwein anrühren und damit die kochende Hühnerbrühe dick binden. Nach 5 Minuten die Hähnchenwürfel dazurühren und einmal aufkochen. Eigelbsahne hinzufügen und würzen.

Zungenragout in Madeirasauce

1 Packung Ochsenschwanzsuppe
20 g Butter
50 g Zwiebelwürfel
150 g frische Champignons, gewürfelt
3 EL Mehl
300 g gekochte Zunge (Rind, Schwein oder Kalb), klein gewürfelt
4 EL Madeira

Die Ochsenschwanzsuppe nach Vorschrift zubereiten. In der heißen Butter die Zwiebeln andünsten, die Champignonwürfel dazugeben und 5 Minuten dünsten. Das Mehl dazurühren, nach 3 Minuten so viel Ochsenschwanzsuppe hinzugießen, daß eine dicke, glatte Sauce entsteht. 5 Minuten leicht köcheln lassen. Die Zungenwürfel dazugeben, gut verrühren, mit Madeira verfeinern.

Wildragout

20 g Butter
50 g Zwiebelwürfel
100 g Pfifferlinge, grob gehackt
3 EL Mehl
¼ l Fleischbrühe
Salz
1 TL Zitronensaft
400 g gekochtes oder gebratenes Wildfleisch, klein gewürfelt
4 EL süße Sahne

In der Butter die Zwiebelwürfel andünsten. Die Pfifferlinge dazugeben und 5 Minuten mitdünsten. Das Mehl darüberstäuben, nach weiteren 5 Minuten mit kochender Brühe auffüllen, kochen lassen, bis eine dicke Sauce entsteht. Mit Salz und Zitronensaft würzen, dabei rühren, das Wildfleisch dazumischen und aufkochen lassen. Zuletzt mit der Sahne verfeinern.
Serviervorschlag: Preiselbeeren oder Johannisbeergelee, in einem Orangenstern angerichtet.

HINWEIS

Alle Ragouts eignen sich auch hervorragend für die Zubereitung als Pie (Seite 50).

Blätterteig-Backstube

HERZHAFTE STRUDEL, PIZZA

Geflügel-Reis-Strudel
4–8 Portionen

Füllung

300 g Patna Reis,
weich gekocht, erkaltet
300 g gekochtes Hähnchenfleisch,
ohne Haut und Knochen,
klein gewürfelt
150 g Möhren, knackig gekocht,
klein gewürfelt
Salz
1 Prise Currypulver
1 Prise Safran
2 EL Petersilie, gehackt
2 Eier
1 Prise gekörnte Brühe
3 EL Semmelbrösel

1 Packung TK-Blätterteig, aufgetaut
Mehl
1 Ei, aufgeschlagen

Die Füllungszutaten in einer Schüssel vermischen und zugedeckt 1 Stunde quellen lassen.
3 Teigplatten übereinanderlegen, auf Mehl gleichmäßig zu einem Rechteck von 27 × 30 cm ausrollen und abmehlen. Die Teigplatte auf das Wellholz wickeln, auf das vorbereitete Backblech rollen und mit Ei bestreichen. Die Füllung als Hügel daraufhäufen, rundum einen Rand von 2 cm lassen. 3 Teigplatten übereinanderlegen, zu einem Rechteck von 33 × 35 cm ausrollen, abmehlen, auf das Wellholz wickeln und über die Füllung decken. Die Ränder andrücken, mit Ei bestreichen. 1 Teigblatt zu einem Rechteck von 15 × 17 cm ausrollen, abmehlen und der Länge nach Streifen von 1 cm Breite abrädeln. Quer über den Strudel legen, mit Ei bestreichen und zwischen den Streifen mit einer Gabel in die Teigdecke stippen, damit beim Backen der Dampf abziehen kann. 15 Minuten ruhen lassen, 25 Minuten bei 200 °C backen.
Serviervorschlag: Salate der Saison.

Wildstrudel
Für 4–8 Personen

Füllung

200 g Weißbrot ohne Rinde, gewürfelt
⅛ l süße Sahne
500 g Wildfleisch, fein durchgedreht
300 g Schweinefleisch, fein durchgedreht
200 g Schweinelende, enthäutet,
in hauchdünne Streifen geschnitten
Salz, schwarzer Pfeffer
Wacholderbeeren, zerdrückt
2 EL grüner Pfeffer
je 3 EL Pinien- und Pistazienkerne
1 EL Pastetengewürz, 3 Eier
100 g Speck ohne Schwarte,
in dünne Streifen geschnitten

Madeiragelee

1 Päckchen weiße Gelatine
½ l Madeira, 1 TL gekörnte Brühe

2 Packungen TK-Blätterteig, aufgetaut
Mehl, 1 Ei, aufgeschlagen
1 Kastenweißbrot, 4 cl Weinbrand

Für die Füllung das Weißbrot mit der Sahne übergießen, durchmengen und 30 Minuten quellen lassen. Im

Blätterteig-Backstube 65

Mixer pürieren oder durch die feine Scheibe des Fleischwolfs drehen. Die Masse mit allen anderen Zutaten bis auf die Speckstreifen gut vermischen, 30 Minuten ruhen lassen.

Für das Madeiragelee die Gelatine mit etwas Madeira übergießen, 10 Minuten quellen lassen, im warmen Wasserbad auflösen. Den restlichen Madeira mit gekörnter Brühe pikant abschmecken und mit der aufgelösten Gelatine mischen.

3 Teigblätter zusammenlegen, auf Mehl zu einem Rechteck von 30 × 40 cm ausrollen und abmehlen. Mit 3 weiteren Teigblättern genauso verfahren. 1 Rechteck mit Ei bestreichen, in die Mitte einen Sockel aus rindenlosem Weißbrot, 5 cm breit, 30 cm lang und 1 cm dick, legen und mit Weinbrand beträufeln. Aus der Füllung eine 30 cm lange Rolle von 5 cm Durchmesser formen, mit den Speckstreifen spicken, auf den Weißbrotsockel legen. Das 2. Teigrechteck auf das Wellholz wickeln und über die Füllung rollen. Die Ränder andrücken und mit Ei bestreichen. 2 Löcher aus der Decke ausstechen, mit 2 ausgestochenen Teigherzen abdecken, mit Ei bestreichen, auf das vorbereitete Backblech legen und 15 Minuten ruhen lassen. 50 Minuten bei 220 °C backen. Erkalten lassen, in die Löcher das lauwarme, im heißen Wasserbad verflüssigte Madeiragelee füllen und kalt stellen.

Serviervorschlag: Cumberlandsauce.

1 Brotsockel mit Weinbrand beträufeln,
2 Füllung darauflegen, mit Teig bedecken,
3 ausgestochene Löcher abdecken,
4 nach dem Backen Madeiragelee einfüllen.

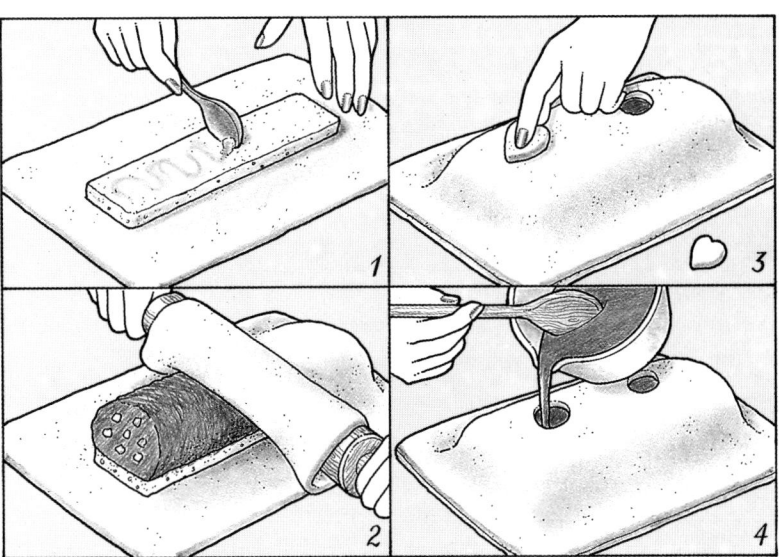

Salamipizzaletten
Foto
10 Stück

Belag
200 g Tomaten
200 g Salami ohne Haut, klein gewürfelt
100 g Allgäuer Emmentaler,
klein gewürfelt
1 Knoblauchzehe, grob gehackt
Origano

1 Packung TK-Blätterteig, aufgetaut
Mehl
1 Ei, aufgeschlagen

Die Tomaten in kochendes Wasser legen, nach 2 Minuten herausnehmen und die Haut abziehen, klein würfeln. Mit Salami, Emmentaler, Knoblauch und Origano mischen. Wenn der Belag zu feucht ist, Semmelbrösel dazugeben und 10 Minuten quellen lassen.
Die Teigblätter auf Mehl gleichmäßig dünn ausrollen, daß Rechtecke von 20 × 15 cm entstehen, quer durchrädeln, daß jeweils 2 Rechtecke von 7,5 × 10 cm entstehen. Abmehlen und auf das vorbereitete Backblech legen. Mit Ei bestreichen. Den Belag gleichmäßig auf die Teigblätter verteilen, rundum einen Rand von 5 mm frei lassen. 15 Minuten ruhen lassen, 20 Minuten bei 200 °C backen.
Serviervorschlag: Frisch aus dem Ofen mit Salaten der Saison.

HINWEISE

Für runde oder ovale Pizzaletten die halbierten Teigscheiben mit dem Wellholz entsprechend ausrollen; so vermeidet man Teigreste. Für kleine Dreiecke die halbierten Teigscheiben diagonal durchrädeln. Für große Dreiecke 1 Teigplatte dünn zu einem Rechteck von 18 × 12 cm ausrollen und diagonal in 2 Dreiecke rädeln.
Für die »schnelle Küche« Pizzaletten auf Vorrat backen, in Klarsichtfolie eingepackt einfrieren, bei 200 °C 20 Minuten aufbacken.

Blätterteigpizza Romana

1 Packung TK-Blätterteig, aufgetaut
Mehl
1 Springform, 28 cm Durchmesser
1 Ei, aufgeschlagen

Belag
200 g enthäutete Tomaten,
in kleine Würfel geschnitten
100 g mit rotem Paprika
gefüllte Oliven,
in Scheiben geschnitten
100 g abgetropfte Ölsardinen,
mit 2 Gabeln zerpflückt
100 g enthäutete Salami,
in kleine Würfel geschnitten
Origano, Salz
50 g Allgäuer Emmentaler, gerieben

3 Teigblätter übereinanderlegen, auf Mehl dünn ausrollen, die Springform daraufstellen und 1 Kreis ausstechen. Abmehlen, in die Springform legen, mit der Gabel einstippen, damit der Boden beim Backen eben bleibt, mit Ei bestreichen. Nacheinander Tomaten, Oliven, Ölsardinen und Salami einschichten, mit Origano und Salz würzen und geriebenen Käse darüberstreuen. 15 Minuten ruhen lassen. 25 Minuten bei 200 °C backen.
Serviervorschlag: Krautsalat.

Moskauer Kohlstrudel
Für 4–8 Personen

Kohlfüllung

30 g Butter
250 g Zwiebelwürfel
150 g magere Speckwürfel
500 g Weißkohl,
knackig gekocht, klein gehackt
Salz, weißer Pfeffer
Kümmel
4 EL Petersilie, gehackt
4 EL Dillspitzen
300 g Kartoffeln, gekocht, durchgedrückt
3 rohe Eier
4 Eier, hart gekocht, geschält,
grob gehackt

2 Packungen TK-Blätterteig, aufgetaut
Mehl
1 Ei, aufgeschlagen

In der Butter Zwiebeln und Speck weich dünsten. Den ausgedrückten Kohl dazugeben, mit Gewürzen und Kräutern Geschmack geben. Die Kartoffeln und Eier dazurühren. Die Füllung aufkochen lassen, dann kalt stellen.

3 Teigblätter zusammenlegen, auf Mehl zu einem Boden von 20 × 30 cm ausrollen, abmehlen und mit Ei bestreichen. Nochmals 3 Teigblätter zu einer etwas größeren Decke ausrollen und abmehlen. Die Füllung wie einen Brotkipf- formen und in die Mitte des Bodens legen. Die Teigdecke auf das Wellholz aufrollen und darüberdecken. Die Teigränder andrücken, mit Ei bestreichen, mit der Gabel einstippen. Aus dem zusammengelegten und ausgerollten Abfallteig Blätter ausstechen, die Teigdecke damit schmücken, mit Ei bestreichen, 15 Minuten kalt stellen. Bei 220 °C 50 Minuten backen.

Serviervorschlag: Mit Dillsauce (Seite 20) oder Quark-Dill-Creme (Seite 24). Eine dünne Scheibe als Vorspeise, eine dickere als ganze Mahlzeit oder als Beilage zu Salat-, Gemüse-, Fleisch- oder Fischplatten.

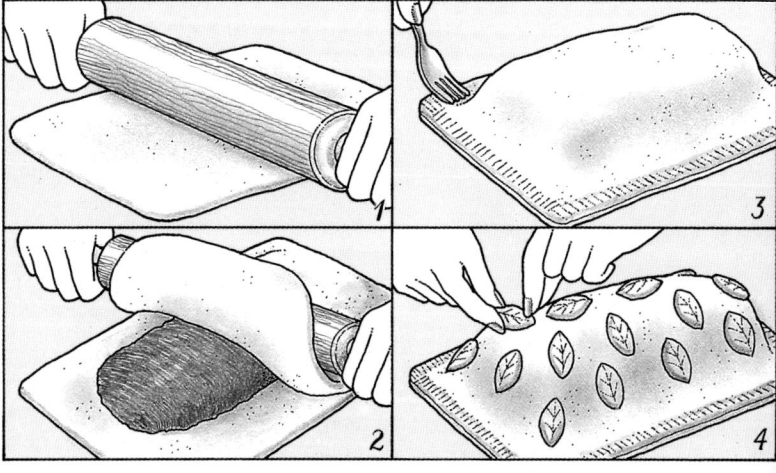

SÜSSE STRUDEL UND TORTEN

Apfelstrudel
Für 4–8 Personen

Apfelfüllung
750 g gemischte süße und saure Äpfel,
geschält, Kernhaus entfernt,
in hauchdünne Scheiben geschnitten
100 g Zucker, 1 Prise Salz, 1 TL Zimt
Saft von 2 Zitronen
100 g Rosinen, 2 cl Weinbrand

2 Packungen TK-Blätterteig, aufgetaut
Mehl
1 Ei, aufgeschlagen
1 Kastenweißbrot ohne Rinde,
in fingerdicke Scheiben geschnitten

Für die Füllung die Äpfel mit allen anderen Zutaten in einer Schüssel vermengen und zugedeckt 30 Minuten ziehen lassen.
3 Teigplatten zusammenlegen, auf Mehl zu einem Rechteck von 27 × 30 cm ausrollen, abmehlen. In die Mitte des vorbereiteten Backblechs legen. 4 Teigblätter zusammenlegen, zu einem Rechteck von 33 × 35 cm ausrollen, abmehlen.
Den Teig auf dem Backblech mit Ei bestreichen, Weißbrotscheiben nebeneinander darauflegen, dabei einen Teigrand von 3 cm frei lassen. Die Apfelmischung daraufhäufeln

1 Teig zum Rechteck ausrollen,
2 Füllung darauflegen, mit Teig bedecken.
3 Teigränder mit Gabel eindrücken,
4 Teigdecke mit Teigblättern verzieren.

und zu einem Hügel zusammendrükken. Die Teigdecke auf das Wellholz wickeln und so über die Äpfel decken, daß die Teigränder aufeinander liegen. Andrücken und mit Ei bestreichen.
1 Teigblatt auf Mehl rechteckig auf 17 × 15 cm ausrollen, abmehlen, in 1 cm breite Streifen rädeln, quer über den Apfelstrudel legen, mit Ei bestreichen und 15 Minuten ruhen lassen. Mit einer Gabel die Teigdecke zwischen den Streifen je einmal einstippen. 30 Minuten bei 200 °C backen.
Serviervorschlag: Ofenfrisch heiß mit Schlagsahne, gewürzt mit Vanillinzucker, oder mit Vanilleeis. Kalt, mit Puderzucker bestreut oder mit Zuckerglasur bepinselt.

HINWEIS

Sind die Äpfel zu saftig, 3–4 EL Semmelbrösel untermischen, 10 Minuten quellen lassen, dann verarbeiten.

VARIATIONEN

Quarkapfelstrudel: 300 g Quark, 3 Eigelb und 4 EL Vanillinzucker verrühren. 3 Eiweiß mit etwas Zitronensaft zu festem Schnee schlagen und unter den Quark heben. Diese Masse unter die vorbereiteten Äpfel mengen.
Mohnstrudel Thüringer Art: ½ l Milch mit 50 g Zucker aufkochen, 100 g Grieß einrühren und einen lockeren Brei kochen. 500 g gemahlenen Mohn, 4 Eigelb und 100 g Rosinen untermengen. 4 Eiweiß mit etwas Zitronensaft zu festem Schnee schlagen, unterheben und die Masse auskühlen lassen.

Kirschstrudel: 700 g entsteinte Kirschen mit 50 g Zucker, 4 Eigelb und 1 TL Zimt mischen. 4 Eiweiß mit etwas Zitronensaft steif schlagen und unter die Kirschen heben.

Topfenstrudel: 600 g ausgedrückten Magerquark mit 5 Eigelb, 100 g Créme fraîche, 100 g Sultainen, 5 EL Zucker, 1 Prise Salz sowie etwas abgeriebener, unbehandelter Zitronenschale mischen. 5 Eiweiß mit etwas Zitronensaft zu festem Schnee schlagen und unter den Quark heben.

Tarte tatin
Für 4–6 Personen

1 Pieform, 28 cm Durchmesser
Backpapier
600 g gemischte süße und saure Äpfel (Gravensteiner, Jonathan, Boskop), geschält, Kernhaus entfernt, in dünne Scheiben geschnitten
1 Prise Zimt, 50 g Zucker
100 g Rosinen
50 g gemahlene Mandeln
Saft von 2 Zitronen
30 g Butter

1 Packung TK-Blätterteig, aufgetaut
Mehl
1 Ei, aufgeschlagen

Die Backform mit zugeschnittenem, feuchtem Backpapier auslegen. Die Äpfel mit Zimt, Zucker, Rosinen, Mandeln und Zitronensaft mischen, in die Form geben, Zitronensaft darüberträufeln und Butterflocken daraufsetzen.
3 Teigblätter zusammenlegen, auf Mehl etwas größer als die Form ausrollen (3 mm dick) und abmehlen. Auf das Nudelholz wickeln, über die Form rollen. Den Rand festdrücken, den Teig mit Ei bestreichen, mit der Gabel einstippen und 15 Minuten ruhen lassen. 40 Minuten bei 220 °C backen. Stürzen.
Serviervorschlag: Mit Vanillinzucker gewürzte Schlagsahne, Vanille- oder Zitroneneis.

Amsterdamer Kirschsahnetorte
Foto

12 Stück

500 g eingemachte Sauerkirschen ohne Stein (12 Früchte zum Garnieren beiseite legen)
1 TL Zimt
4 EL Vanillepuddingpulver
2 Packungen TK-Blätterteig, aufgetaut
Mehl
1 Ei, aufgeschlagen
1 Springform, 28 cm Durchmesser
½ l süße Sahne
1 Päckchen Vanillinzucker
100 g Johannisbeerkonfitüre
Zuckerglasur zum Bepinseln

Die Sauerkirschen abgießen (den Saft auffangen), mit Wasser und Zimt aufkochen. In 1 Tasse Saft das Puddingpulver anrühren, zum Binden an die kochenden Kirschen geben, aufkochen lassen und kalt stellen.
Von 6 Teigplatten je 2 zusammenlegen, auf Mehl 4 mm dünn ausrollen und abmehlen. Jeweils die Springform daraufstellen und 1 Kreis ausrädeln, der 1 cm breiter als die Form ist. Alle 3 Böden mit Ei bestreichen, auf 2 vorbereitete Backbleche legen.

Mit einer Gabel einstippen, 15 Minuten ruhen lassen, 15 Minuten bei 220 °C backen. Abkühlen lassen.
1 Boden in die Springform legen, die ausgekühlten Sauerkirschen gleichmäßig darauf verteilen, mit dem 2. Boden zudecken. Die Sahne mit Vanillinzucker würzen und steif schlagen, ¾ davon auf dem Boden verteilen, den Rest kalt stellen. Den 3. Boden lauwarm (evtl. in der Backröhre anwärmen) mit heißer Konfitüre bestreichen und mit Zuckerglasur bepinseln. Nach 10 Minuten (wenn die Glasur fest ist) daraus 12 Tortenstücke schneiden und einzeln auf die Sahneschicht legen. Mit der restlichen Sahne den Tortenrand bestreichen, mit Spritzbeutel und Sterntülle 12 kleine Rosetten auf die Tortenstücke spritzen und mit 1 Kirsche schmücken.

Rhabarbertorte

750 g Rhabarber, geschält, in 2 cm lange Stücke geschnitten
50 g Zucker
4 EL Semmelbrösel
4 EL gemahlene Haselnüsse
2 EL Zucker

1 Packung TK-Blätterteig, aufgetaut
Mehl, 1 Ei, aufgeschlagen

Den Rhabarber mit 50 g Zucker etwa 6 Minuten knackig dünsten. Dabei vorsichtig mit einem Holzlöffel rühren, die Stücke dürfen nicht zerfallen. Zum Abtropfen in ein Sieb schütten. Semmelbrösel, Haselnüsse und 2 EL Zucker mischen.
1 Teigblatt auf Mehl so dünn ausrollen, daß man mit der Springform einen Kreis ausstechen kann. Abmehlen, auf den Boden einer gefetteten Springform legen, mit einer Gabel einstippen. Mit Ei bestreichen, mit einem Eßlöffel ⅔ des Semmelbröselgemisches darüberstreuen. Den abgetropften Rhabarber darauf verteilen, mit dem restlichen Bröselgemisch bestreuen.
Ein 2. Teigblatt dünn ausrollen und mit der Springform ausstechen, den Kreis abmehlen und über den Rhabarber decken. Den Deckel mit Ei bestreichen, die angefallenen Teigreste darauf verteilen, ebenfalls mit Ei bestreichen, die Teigdecke mit einer Gabel einstippen. 15 Minuten ruhen lassen, bei 210 °C 25 Minuten backen. Nach dem Backen 15 Minuten auskühlen lassen, die Springform öffnen, die Torte auf eine Platte schieben und mit Puderzucker bestreuen.

Roses Käsetorte

1 Packung TK-Blätterteig, aufgetaut
Mehl

Füllung

7 Eier
300 g Zucker, Salz
5 EL Zitronensaft
1 kg Magerquark
400 g Crème double
4 EL Mehl

3 Teigblätter übereinanderlegen, auf Mehl gleichmäßig 4 mm dünn ausrollen. Mit der Springform einen Kreis ausstechen, abmehlen, auf den Boden einer gefetteten Springform legen, die Teigränder ein wenig hochdrücken. Den Teig mit einer Gabel einstippen, damit er beim Backen keine Blasen schlägt, die Form in den Kühlschrank stellen.
Für die Füllung 1 ganzes Ei und 6 Eigelb mit 250 g Zucker, 1 Prise Salz und dem Zitronensaft 10 Minuten schaumig schlagen. Den Quark mit der Crème double cremig rühren, das Mehl unterheben. Die Eigelbcreme mit der Quarkcreme mischen, die 6 Eiweiß mit 50 g Zucker zu Schnee schlagen und unterziehen. Die Springform aus dem Kühlschrank nehmen, die Füllung hineingeben und glattstreichen. Mit einem Messer am Rand entlangstreichen. 50 Minuten bei 200 °C backen. Die Torte aus dem Ofen nehmen, 10 Minuten auskühlen lassen, mit einem Messer den Rand von der Form trennen. Nach weiteren 10 Minuten die Springform öffnen und die Torte ganz auskühlen lassen.

HERZHAFTES KLEINGEBÄCK

Chatschapuri
Kaukasische Käseleckerbissen
10 Stück

Füllung
100 g weicher Camembert
100 g Schafkäse
50 g Magerquark
1 Prise Kümmel
1 Prise Paprikapulver, edelsüß
1 Ei
100 g kleine Goudawürfel

1 Packung TK-Blätterteig, aufgetaut
Mehl
1 Ei, aufgeschlagen

Den Camembert mit der Gabel zerdrücken. Dann mit Schafkäse und Quark cremig rühren, mit Kümmel und Paprika würzen, Ei und Goudawürfel daruntermischen.
Jedes Teigblatt auf Mehl zu einem dünnen Rechteck von 15 × 20 cm ausrollen, abmehlen, quer in 2 gleiche Rechtecke rädeln und die Ränder mit Ei bestreichen. In die Mitte jeweils 3 EL Füllung setzen und die Ecken darüberlegen. Mit Ei bestreichen, auf das vorbereitete Backblech setzen und 15 Minuten ruhen lassen. 20 Minuten bei 220 °C backen.
Serviervorschlag: Warm zu Suppe oder Gemüse, kalt zu Milch oder Tee.

Blätterteigschiffchen
10 Stück

10 Keramikförmchen
Butter
2 Packungen TK-Blätterteig, aufgetaut
Mehl
1 Ei, aufgeschlagen
200 g grüne oder gelbe getrocknete Erbsen

Die Förmchen buttern. Die Teigblätter auf Mehl dünn ausrollen und abmehlen. Locker über die Formen legen, mit der Hand vorsichtig hineindrücken, die Ränder andrücken. Überstehenden Teig abnehmen. Mit Ei bestreichen, mit einer Gabel in den Boden stippen, die Erbsen hineinfüllen. 15 Minuten ruhen lassen, 20 Minuten bei 220 °C backen. Die Erbsen nach dem Backen herausschütten, evtl. anderweitig verwenden.
Serviervorschlag: Zu Gemüse-, Fleisch- und Fischplatten, gefüllt mit gedünsteten Karottenwürfeln, Erbsen, kleinen Blumenkohlröschen, Maiskörnern oder Pfifferlingen.

HINWEIS

In den Schiffchen lassen sich auch alle für Form- und Füllpasteten vorgeschlagenen Füllungen (Seite 61) schmackhaft zubereiten.

Blätterteig-Backstube

Fleurons   Foto

1 Packung TK-Blätterteig, aufgetaut
Mehl
1 runder Ausstecher, 5 cm Durchmesser
1 Ei, aufgeschlagen

Die Teigplatten auf Mehl ausrollen, Kreise ausstechen und in der Mitte zu Halbmonden durchrädeln. Das Backblech mit Backpapier belegen, mit kaltem Wasser besprengen, die Halbmonde darauflegen. Mit Ei bestreichen, 15 Minuten ruhen lassen, bei 200 °C 15–20 Minuten backen.
Serviervorschlag: Ofenfrisch zu Frikassees aus Kalbfleisch, Hühnchen oder Meeresfrüchten, zu Suppen, Salat- und Gemüseplatten, aber auch als Knabberei zu Portwein, Sherry und allen Bar- und Mixgetränken. Kalte Fleurons im Backofen bei 150 °C aufwärmen.

VARIATIONEN

Würzige Fleurons: Auf die mit Ei bestrichenen Halbmonde grobes Salz, Kümmel, Mohn, geriebenen Käse oder gehackte Nüsse streuen. Damit der Belag besser haftet, mit dem Wellholz sanft darüberrollen.
Süße Fleurons: Nach dem Backen mit Puderzucker bestäuben und Cremespeisen, Puddings, Fruchtsalate oder Eisbecher damit garnieren.

Käsecroutons   Foto

1 Packung TK-Blätterteig, aufgetaut
Mehl
1 Ei, aufgeschlagen
50 g geriebener Käse

3 Teigblätter auf Mehl zu Rechtecken von 20 × 15 cm ausrollen, abmehlen. Kleine Quadrate von 3 × 3 cm ausrädeln, auf das Backblech legen, mit Ei bestreichen und dick mit Käse bestreuen. 15 Minuten ruhen lassen, bei 200 °C 10 Minuten backen.
Serviervorschlag: Als Einlage in Fleischbrühe, Gemüse- und Fischsuppen.

HINWEIS

Käsecroutons lassen sich gut auf Vorrat backen, da sie mindestens 8 Tage frisch bleiben. Vor dem Anrichten kurz im Backofen erhitzen.

Käsestangen   Foto
10–12 Stück

1 Packung TK-Blätterteig, aufgetaut
1 Ei, aufgeschlagen
100 g geriebener Käse
(Emmentaler, Gouda, Appenzeller, Parmesan oder eine Mischung)
1 EL Kümmel

3 Teigblätter mit Eigelb bestreichen und dick mit Käse bestreuen. 2 Blätter davon mit den beiden übrigen Teigblättern zudecken, ebenfalls mit Ei bestreichen, mit Käse und Kümmel bestreuen. Mit dem Wellholz leicht darüberrollen. In 2 cm breite Streifen rädeln, jeden Streifen spiralförmig drehen, auf das Backblech legen. Die übrige Teigscheibe ebenfalls in 2 cm breite Streifen rädeln, auf das Backblech setzen. 15 Minuten ruhen lassen, bei 200 °C 15 Minuten backen.
Serviervorschlag: Ofenfrisch zu Suppen, Salaten und Gemüseplatten.

Gebackene Blätterteigquadrate
10 Stück

1 Packung TK-Blätterteig, aufgetaut
Mehl
1 Ei, aufgeschlagen

Jedes Teigblatt auf Mehl quer durchrädeln. Abmehlen, mit Ei bestreichen, auf das vorbereitete Backblech setzen und 15 Minuten ruhen lassen. 15 Minuten bei 200 °C backen.
Serviervorschläge: Ofenfrisch als Beilage zu Fleisch-, Gemüse- und Fischgerichten. Kalt als Unterlage für Käse, Wurst oder Salate. Zum Dippen für Quark- oder Käsecreme.

VARIATION

Vor dem Backen mit geriebenem Käse, geschältem Sesam, Mohn, gemahlenen Nüssen, Kümmel oder grobem Salz bestreuen.

Krüstchen mit Belag
10 Stück

2 Packungen TK-Blätterteig, aufgetaut
Mehl
1 Ei, aufgeschlagen

Jede Teigplatte auf Mehl gleichmäßig zu einem Rechteck von 15 × 20 cm ausrollen, abmehlen, mit Ei bestreichen und auf das vorbereitete Backblech legen. Mit der Gabel einstippen, 15 Minuten ruhen lassen, bei 220 °C 20 Minuten backen.
Serviervorschläge: Abkühlen lassen, wie Knäckebrot bestreichen oder belegen:

▷ Mit kleinen Würfeln von gekochtem Schinken, darüber Spiegelei,
▷ mit gedünsteten Zwiebel- und Apfelwürfeln,
▷ mit gekochten Möhrenwürfeln und Erbsen, darüber gehackte Petersilie,
▷ mit mittelscharfem Senf, darüber Tomatenscheiben und kleine Zwiebelwürfel, darüber 1 Ölsardine,
▷ mit zerpflücktem Thunfisch, darüber gekochte Ei- und Tomatenscheiben, darüber Dillspitzen,
▷ mit dünnen, geschälten und entkernten Apfelscheiben, darüber Matjesfilet und Zwiebelwürfel,
▷ mit Magerquark, darüber Johannisbeergelee,
▷ mit Magerquark, darüber kleingehackter Schnittlauch oder Frühlingszwiebeln,
▷ mit Schlagsahne, darüber Erdbeerhälften, entsteinte Kirschen oder andere Früchte,
▷ mit Crème fraîche, darüber Hagebuttenkonfitüre.

VARIATIONEN

<u>Belag Milano:</u> Je 100 g mit roten Paprika gefüllte Oliven, gelbe Paprikaschoten und Champignons klein schneiden, mit 100 g geraffeltem, mittelaltem Gouda, ⅛ l Tomatenketchup und je 1 Prise Salz und Majoran vermischen.
<u>Tomatenbelag:</u> In 20 g Butter 100 g Zwiebelwürfel weich dünsten. Mit 300 g abgezogenen Tomatenwürfeln, 100 g dünnen Frühlingszwiebelringen und 2 kleingehackten Knoblauchzehen vermischen. Mit Salz und schwarzem Pfeffer würzen.

Belag Husumer Art: 3 Eier mit ⅛ l Crème fraîche mischen, salzen, 200 g Krabben und 100 g kleingewürfelte Austernpilze dazugeben. Dazu 50 g geriebenen Allgäuer Emmentaler zum Bestreuen reichen.

Belag Küchenmeisterart: In 20 g Butter 100 g Zwiebelwürfel weich dünsten, mit 150 g kleingewürfeltem gekochtem Schinken, 150 g Champignonscheiben, 50 g geraffeltem Allgäuer Emmentaler und ⅛ l saurer Sahne mischen. Mit Salz und Macisblüte würzen.

Lothringer Belag: In 20 g Butter 100 g Zwiebelwürfel weich dünsten. Mit 100 g gewürfeltem gekochten Schinken, 200 g Champignonscheiben und 100 g saurer Sahne vermischen. Mit Salz, weißem Pfeffer und 1 Prise geriebener Muskatnuß würzen.

Zwiebelbelag: In 30 g Butter 300 g Zwiebelwürfel weich dünsten, mit Salz und Kümmel würzen, mit 3 Eiern und ⅛ l Crème fraîche vermischen. Schinkenwürfel über den Belag streuen.

Champignonbelag: 250 g frische Champignonscheiben mit 100 g Zwiebelwürfeln, 100 g geraffeltem Tilsiter, 100 g Tomatenketchup und 4 EL frischem, gehacktem Kerbel vermischen. Mit Salz und 1 TL edelsüßem Paprikapulver würzen.

Kräuterbelag: In 10 g Butter 100 g Zwiebelwürfel glasig dünsten. Mit 300 g Kartoffelbrei, 100 g kleingehackten Austernpilzen, 1 EL kleingehackten Frühlingszwiebeln und 5 EL frischen Kräutern (Kerbel, Petersilie, Dill, Schnittlauch, Basilikum) vermischen. Mit Salz, Macisblüte und gemahlenem Kümmel würzen.

SÜSSES KLEINGEBÄCK

Marzipan-Mohn-Schnecken
8 Stück

Füllung

100 g Marzipanrohmasse

50 g Puderzucker

1 Ei

80 g gemahlener Mohn

1 Packung TK-Blätterteig, aufgetaut

Mehl

1 Ei, aufgeschlagen

4 EL Zucker

Für die Füllung die Marzipanrohmasse mit dem Puderzucker mischen. Das Ei dazugeben, durchmengen, mit dem Mohn zu einer streichfähigen Paste verkneten.

Die 5 Teigblätter aufeinanderlegen, auf Mehl zu einem Rechteck von 10 × 20 cm ausrollen, auf beiden Seiten abmehlen. Die Füllung auf dem Teig verteilen und den Teig zusammenrollen. Mit Ei bestreichen, mit einem feuchten Messer in 8 Scheiben abschneiden. Auf die Arbeitsfläche den Zucker streuen, jede Schnecke darin etwas flach drücken. Auf das vorbereitete Blech setzen, 15 Minuten ruhen lassen. 20 Minuten bei 220 °C backen.

Serviervorschlag: Als Gebäck zu Tee und Kaffee, als Beilage zu Eis.

VARIATION

Kokosfüllung: 100 g Kokosflocken mit 50 g Puderzucker, 1 Ei, 2 EL Weinbrand und 4 EL Semmelbrösel verkneten.

Aprikosenvierecklinge Foto
10 Stück

---
1 Packung TK-Blätterteig, aufgetaut
1 Ei, aufgeschlagen
5 Aprikosen, halbiert, entsteint, geschält, oder 10 halbe Früche aus der Dose, abgetropft
Puderzucker

Jedes Teigblatt in der Mitte quer durchrädeln, von den 10 Teilen jeweils zwei 3 mm breite Teigstreifen abrädeln. Jedes Teigstück in der Mitte kräftig eindrücken, mit Ei bestreichen und mit einer Gabel einstippen. Auf dem vorbereiteten Backblech verteilen, in die Mitte jeweils 1 Aprikosenhälfte (frische Früchte einige Minuten dünsten) mit der Rundung nach oben legen. Jeweils 2 Teigstreifen kreuzweise über die Früchte legen, mit Ei bestreichen und 15 Minuten ruhen lassen. Bei 220 °C 20 Minuten backen. Noch heiß mit Zuckerglasur bestreichen.

VARIATION

Statt Aprikosen Pfirsiche, Kiwis, Äpfel oder Birnen verwenden. Die Früche schälen, entsteinen bzw. entkernen und kurz dünsten.

HINWEIS

Ungezuckerte Vierecklinge schmecken als Beilage zu Wild- und Geflügelgerichten hervorragend.

Blätterteig-Backstube 79

Quittenschleifchen
Foto
10 Stück

---
100 g Quittenkonfitüre
50 g gemahlene Haselnüsse
oder Mandeln
1 Packung TK-Blätterteig, aufgetaut
Mehl
1 Ei, aufgeschlagen
Puderzucker

Für die Füllung die Quittenkonfitüre mit den Nüssen mischen.
Jede Teigplatte auf Mehl zu einem Rechteck von 20 × 15 cm ausrollen, abmehlen, mit Ei bestreichen. Die Füllung dünn darauf verteilen, 2 Seiten übereinanderdecken. Längs in 2 Teile rädeln, in die Mitte einen Schlitz von 4 cm rädeln und eine Seite durchziehen. Mit Ei bestreichen, auf das vorbereitete Backblech setzen und 15 Minuten ruhen lassen. Bei 220 °C 20 Minuten backen, aus dem Ofen nehmen und noch warm mit Zuckerguß bestreichen.

VARIATION

Statt einer Nuß-Konfitüre-Füllung geriebenen Käse auf die Teigplatten und auf die backfertigen Schleifchen streuen.

Vanillebrezeln
Foto
10 Stück

---
1 Packung TK-Blätterteig, aufgetaut
1 Päckchen Vanillinzucker
1 Ei, aufgeschlagen

Jedes Teigblatt auf Vanillinzucker zu einem Rechteck von 25 cm Länge und 10 cm Breite ausrollen. In 2½ cm breite Streifen rädeln, jeden Streifen in sich spiralförmig drehen und zur Brezel formen. Die Enden mit Ei bestreichen und etwas andrücken, auf das vorbereitete Backblech legen, 15 Minuten ruhen lassen. Bei 220 °C beide Seiten jeweils 8 Minuten backen.

Vanillehörnchen
20 Stück

1 Packung TK-Blätterteig, aufgetaut
Mehl
1 Ei, aufgeschlagen
1 Päckchen Vanillinzucker

Jedes Teigblatt auf Mehl gleichmäßig zu einem Rechteck von 20 × 15 cm ausrollen, abmehlen. In der Mitte quer durchrädeln, dann diagonal in 2 Dreiecke rädeln. Jedes Dreieck in Vanillinzucker drehen und von der breiten Seite zur Spitze in kleine Hörnchen zusammenrollen. Mit Ei bestreichen und mit Vanillinzucker bestreuen. Auf das vorbereitete Backblech verteilen und 15 Minuten ruhen lassen. Bei 220 °C 15 Minuten backen. Die Hörnchen schmecken warm und kalt.

VARIATIONEN

Zimthörnchen: Statt Vanillinzucker Zimt, gemischt mit Zucker, nehmen.
Aprikosenhörnchen: 200 g Marzipanrohmasse mit 3 EL Aprikosenkonfitüre und 4 EL kleingewürfelten, getrockneten Aprikosen verkneten. Die Füllung auf die Dreiecke geben, darauf 1 Stück Würfelzucker, getränkt mit Barack palinka (ungarischer Aprikosenschnaps), darüber noch 1 TL Füllung.
Marzipanhörnchen: 200 g Marzipanrohmasse mit 3 EL Orangenmarmelade, 3 EL gemahlenen Haselnüssen und 2 EL Weinbrand verkneten.

Kirschschnitten
10 Stück

500 g entsteinte Kirschen (auch abgetropfte, eingemachte Früchte)
⅛ l Kirschsaft
3 EL Speisestärke
5 EL Kirschsaft

1 Packung TK-Blätterteig, aufgetaut
Mehl
1 Ei, aufgeschlagen

Die Kirschen mit ⅛ l Kirschsaft zum Kochen bringen. Die Speisestärke mit 5 EL Kirschsaft glattrühren, in die kochenden Kirschen geben und zum Binden aufkochen lassen. Kalt stellen.
Die Teigstücke auf Mehl quer durchrädeln und abmehlen. In der Mitte jeweils eine Rundung von etwa 6 cm Durchmesser eindrücken, mit einer Gabel einstippen. Die Stücke mit Ei bestreichen, auf das vorbereitete Backblech verteilen, 15 Minuten ruhen lassen. 20 Minuten bei 220 °C backen. Mit einem Messerrücken die Rundung herunterdrücken und die ausgekühlten Kirschen hineinfüllen.
Serviervorschlag: Mit Schlagsahne als Kaffee- und Teegebäck.

VARIATION

Statt Kirschen frische Mirabellen, Weintrauben, Erdbeeren oder auch tiefgekühlte, aufgetaute Früchte verwenden.

Cremeschnitten

1 Packung TK-Blätterteig, aufgetaut
Mehl

Vanillecreme
½ l Milch
1 Päckchen Vanillepuddingpulver
50 g Vanillinzucker
2 EL Speisestärke

50 g Aprikosen- oder
Johannisbeerkonfitüre
Puderzucker
250 g zerkleinerte frische
Früchte der Saison
(z. B. Erdbeeren, Kirschen,
Pfirsiche oder Pflaumen)
¼ l süße Sahne

4 Teigblätter auf Mehl gleichmäßig zu Rechtecken von 20 × 10 cm ausrollen, abmehlen, mit einer Gabel einstippen. Die Stücke auf das vorbereitete Backblech legen, 15 Minuten ruhen lassen, bei 200 °C 15 Minuten backen.
In der Zwischenzeit die Vanillecreme zubereiten: Von der kalten Milch 5 EL abnehmen, das Puddingpulver, Zucker und Speisestärke damit glattrühren. Die restliche Milch aufkochen, das angerührte Pulver einrühren, kurz aufkochen lassen. Vom Herd nehmen und kalt stellen.
2 gebackene Böden mit der erhitzten Konfitüre bestreichen, aus Puderzucker und etwas Wasser eine Glasur rühren und darüber verteilen. Auf die anderen Böden 3 cm hoch die erkaltete Vanillecreme verteilen, Fruchtstückchen daraufgeben und ⅔ der steifgeschlagenen Sahne darüberstreichen. Die glasierten Böden darüberdecken, leicht andrücken. 15 Minuten im Kühlschrank ruhen lassen, mit einem Sägemesser in 3 cm breite Schnitten teilen, mit einem Sahnetupfer verzieren und mit einem Fruchtstückchen krönen.

VARIATION

Für herzhaft gefüllte Schnitten Quark mit Schnittlauch oder Käsecreme mit Kräutern glattrühren und zwischen die Schnitten streichen.

Pfirsichhappen mit Sauerkirschen
10 Stück

1 Packung TK-Blätterteig, aufgetaut
100 g feste Quittenkonfitüre
10 halbe Pfirsiche aus der Dose,
abgetropft
40 eingemachte Sauerkirschen ohne
Stein, abgetropft, trockengetupft
Puderzucker zum Bestreuen

Die Teigblätter in der Mitte quer durchrädeln, in die Mitte jeweils 1 TL Quittenkonfitüre geben, darauf einen halben Pfirsich mit der Rundung nach oben. Jeweils 4 Sauerkirschen um den Pfirsich legen, die Stücke auf dem vorbereiteten Backblech verteilen und 15 Minuten ruhen lassen. 15 Minuten bei 220 °C backen. Die fertigen Happen mit Puderzucker bestreuen.

Birnenschnitten
Foto

10 Stück

1 Packung TK-Blätterteig, aufgetaut
Mehl
1 Ei, aufgeschlagen

10 Birnenhälften (Dose), abgetropft
10 rote Sauerkirschen,
entsteint, abgetropft
5 EL Ananaskonfitüre

Jedes Teigblatt auf Mehl quer halbieren und mit Ei bestreichen. Mit 1 halben Birne belegen, in die Mitte 1 Kirsche legen. Die Stücke auf das vorbereitete Backblech legen und 15 Minuten ruhen lassen. Bei 220 °C 20 Minuten backen, aus dem Ofen nehmen und noch warm mit heißer Konfitüre bepinseln.

Schlesischer Prasselkuchen
Foto

10 Stück

Streusel
60 g flüssige Butter
80 g Zucker
1 Prise Zimt
1 Päckchen Vanillinzucker
100 g Weizenmehl

1 Packung TK-Blätterteig, aufgetaut
Mehl
1 Ei, aufgeschlagen
Puderzucker zum Bestreuen

Zuerst die Streusel zubereiten: In die Butter Zucker, Zimt, Vanillinzucker und Mehl geben und zusammenkneten. Die Masse durch ein grobes Sieb drücken oder durch die grobe Scheibe des Fleischwolfes drehen oder mit den Fingern zerbröseln, kalt stellen.
Die Teigblätter auf Mehl in der Mitte quer durchrädeln. Mit Ei bestreichen, die Streusel gleichmäßig darauf verteilen. Mit dem Wellholz sanft darüberrollen. Die Stücke auf ein vorbereitetes Backblech setzen, 15 Minuten ruhen lassen, bei 200 °C 15 Minuten backen. Vom Blech nehmen, auf eine Platte legen, mit Puderzucker bestreuen oder mit Zuckerglasur bestreichen.

Apfeltarteletts
6 Stück

3 mittelgroße Äpfel,
Boskop oder Gravensteiner
6 Backförmchen, 9 cm Durchmesser
Backpapier
2 EL Rosinen
2 EL Zucker
Saft von 1 Zitrone
1 Packung TK-Blätterteig, aufgetaut
Mehl
1 Ei, aufgeschlagen
Zimt, mit Zucker vermischt,
zum Bestreuen

Die Äpfel schälen, das Kernhaus entfernen, vierteln und in hauchdünne Scheiben schneiden. Die Förmchen mit kaltem Wasser abspülen, mit zurechtgeschnittenem Backpapier (1 cm größer als das Förmchen) auslegen. Die Apfelscheiben wie Schindeln hineinlegen, die Rosinen darauf verteilen, zuckern und mit Zitronensaft beträufeln. In der vorgeheizten Backröhre 20 Minuten bei 220 °C backen (die Äpfel sollen beinahe weich sein). Herausnehmen und kalt stellen.

3 Teigblätter auf Mehl gleichmäßig zu Rechtecken von 20 x 10 cm ausrollen, abmehlen. Aus jedem Rechteck 2 Plätzchen mit 9 cm Durchmesser ausstechen, über die Äpfel decken und mit Ei bestreichen. 10 Minuten ruhen lassen, 10–15 Minuten bei 220 °C backen. Die Apfeltarteletts warm auf eine Platte stürzen, mit Zimtzucker bestreuen, heiß servieren.

Serviervorschlag: Auf die warmen Tarteletts etwas Calvados träufeln. Mit Schlagsahne oder Vanilleeis anrichten. Apfeltarteletts ohne Zucker und Zimt als Beilage zu Wild-, Gänse- oder Entenbraten reichen.

Nikolaitörtchen
10 Stück

200 g Puderzucker
5 EL heiße Milch
4 EL frischer Zitronensaft
1 Packung TK-Blätterteig, aufgetaut
Mehl
1 Ei, aufgeschlagen
250 g Himbeerkonfitüre

Für die Zuckerglasur den Puderzucker mit der heißen Milch glattrühren, den Zitronensaft untermischen.

Die Teigblätter auf Mehl gleichmäßig dünn ausrollen, quer durchrädeln, abmehlen und mit Ei bestreichen. Auf das vorbereitete Backblech setzen, 15 Minuten ruhen lassen, bei 220 °C 15 Minuten backen.

Die inzwischen aufgekochte Himbeerkonfitüre auf die gebackenen Teigplatten verteilen. Jeweils 2 Stücke übereinanderlegen und leicht andrücken. Die Oberfläche dünn mit Konfitüre bestreichen und mit der Zuckerglasur bepinseln. Abkühlen lassen, mit einem Sägemesser in 2 Dreiecke schneiden.

VARIATION

Gemahlene Mandeln oder Haselnüsse unter die heiße Konfitüre mischen.

Arbeitsschritte verschiedener ▷
Kleingebäcke

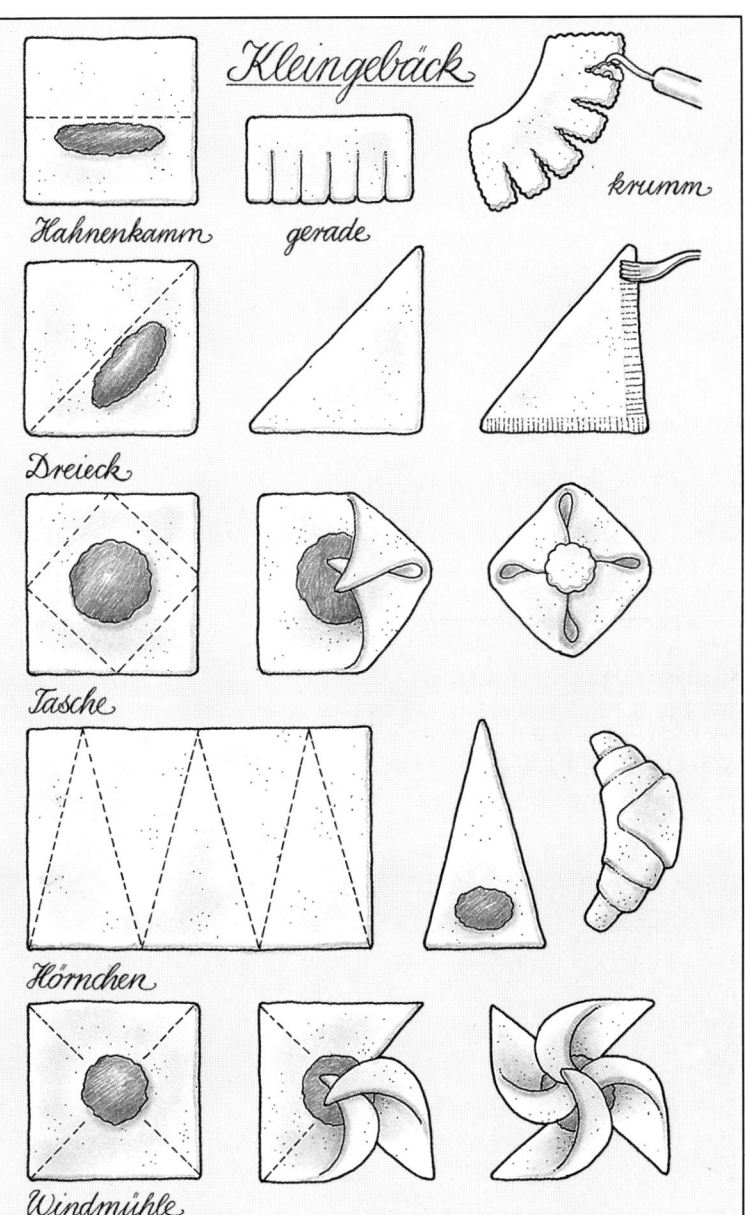

Splitterhörnchen Foto Seite 2/3
10 Stück

Füllung

| 100 g Marzipanrohmasse |
| 50 g Puderzucker |
| 1 Ei |
| 4 EL Weinbrand |

| 1 Packung TK-Blätterteig, aufgetaut |
| Mehl |
| 1 Ei, aufgeschlagen |
| Puderzucker |

Die Füllungszutaten gut miteinander vermengen.
Die Teigblätter auf Mehl gleichmäßig zu Rechtecken von 10 cm Breite und 18 cm Länge ausrollen, abmehlen, jedes Rechteck diagonal in 2 Dreiecke rädeln. In die Mitte der breiten Seite 2 EL Füllung geben, die Seiten darüberdecken, den Teig zur Spitze hin zum Hörnchen rollen, beide Enden etwas nach innen drücken. Die Hörnchen mit Ei bestreichen, auf das vorbereitete Backblech legen, 15 Minuten ruhen lassen. Bei 220 °C 15 Minuten backen, mit Puderzucker bestreuen oder mit Zuckerglasur bepinseln.

VARIATIONEN

Je nach Geschmack gemahlene Mandeln oder Haselnüsse, Orangeat, Zitronat oder Sultaninen unter die Füllung mischen.
Statt Hörnchen können auch Täschchen geformt werden. Die Füllung dann zu kleinen Kugeln formen.

Schillerlocken Foto
8–10 Stück

| Dünne Papprollen |
| Alufolie |
| 10 g flüssige Butter |
| 1 Packung TK-Blätterteig, aufgetaut |
| Mehl |
| 1 Ei, aufgeschlagen |

Mit einem Wellenschliffmesser die Papprollen in Stücke von 10 cm »sägen«. Jedes Röllchen mit Alufolie umwickeln, rundum mit flüssiger Butter bestreichen.
Jedes Teigblatt auf Mehl leicht ausrollen, in 2 cm breite Streifen rädeln, abmehlen. Den Teig so um das Aluröllchen wickeln, daß an der Nahtstelle 5 mm Teig überliegt, leicht andrücken. Die beiden Enden mit Ei bestreichen, auf das vorbereitete Backblech setzen und 15 Minuten ruhen lassen. 15 Minuten bei 200 °C backen.

Süße Röllchen: Ofenwarm mit Puderzucker bestreuen, oder auskühlen lassen, mit Spritzbeutel und Lochtülle Schlagsahne einfüllen. 1 Kirsche oder Beere in beide Enden drücken.
Herzhafte Röllchen: Mit Spritzbeutel und Lochtülle mit Kartoffelbrei füllen und in beide Enden kleine Tomatenwürfel drücken. Oder die ausgekühlten Röllchen quer halbieren und als Türmchen, garniert mit Blumenkohlröschen, Spinat oder Rosenkohl auf Fleisch- oder Gemüseplatten setzen.

Schweinsöhrchen

Foto Seite 63

1 Packung TK-Blätterteig, aufgetaut
50 g Zucker

Jede Teigplatte auf Zucker zu einem Rechteck von 20 cm Länge und 15 cm Breite ausrollen. Von den beiden schmalen Seiten den Teig jeweils 1 cm bis zur Mitte übereinanderschlagen, mit einem Messer in 1 cm breite Scheiben schneiden. Jede Scheibe auf Zucker beidseitig gleichmäßig 5 mm dünn ausrollen. Die Schweinsöhrchen mit größerem Abstand auf das vorbereitete Backblech legen. 15 Minuten ruhen lassen. Bei 210 °C beide Seiten jeweils 10 Minuten backen. Zum Umdrehen eine Backspachtel nehmen.

VARIATION

Die ausgerollten Rechtecke vor dem Weiterbehandeln dünn mit gemahlenen Mandeln oder Haselnüssen bestreuen.

Teezungen
16 Stück

1 Packung TK-Blätterteig, aufgetaut
Mehl
50 g Zucker

Jedes Teigblatt mit wenig Mehl so dünn ausrollen, daß Rechtecke von etwa 12 × 20 cm entstehen, abmehlen. Mit einem gezackten Ausstecher von ca. 5 cm Durchmesser jeweils 2 Plätzchen ausstechen, auf Zucker nach oben und unten gleichmäßig dünn zum Oval ausrollen. Den restlichen Teig übereinanderlegen, wieder dünn ausrollen, wieder Plätzchen ausstechen, bis der Teig verbraucht ist. Die Stücke auf das vorbereitete Backblech legen, 15 Minuten ruhen lassen, beide Seiten jeweils 7 Minuten bei 220 °C backen.
Serviervorschlag: Zum Tee mit und ohne Schlagsahne.

Weihnachtsgebäck

2 Packungen TK-Blätterteig, aufgetaut
Mehl
Plätzchenausstecher
1 Ei, aufgeschlagen
2 EL Rosinen
2 EL Hagelzucker
10 halbe Mandeln, geschält
3 EL Kokosfüllung (Seite 77)
50 g Konfitüre
¼ l Zuckerglasur

Die Blätterteigscheiben auf Mehl leicht ausrollen und abmehlen. Mit Weihnachtsausstechern Plätzchen ausstechen, mit Ei bestreichen und mit Rosinen, Hagelzucker, Mandeln und Kokostupfern garnieren. Die Plätzchen auf das vorbereitete Backblech legen und 15 Minuten ruhen lassen. 15 Minuten bei 220 °C backen, vom Blech nehmen, mit erhitzter Konfitüre bestreichen und Zuckerglasur darüberpinseln.

Dreifruchtknusperchen
8 Stück

Füllung

50 g Marzipanrohmasse
1 Eigelb
3 EL süße Sahne
50 g Trockenpflaumen, entsteint, klein gewürfelt
50 g Datteln, entsteint, klein gewürfelt
50 g Feigen, klein gewürfelt

1 Packung TK-Blätterteig, aufgetaut
Mehl
1 Ei, aufgeschlagen
Puderzucker

Für die Füllung Marzipan mit Eigelb und Sahne weich rühren. Die Früchtewürfel dazumischen.
4 Teigplatten auf Mehl quer durchrädeln und mit Ei bestreichen. In die Mitte 2 EL Füllung geben, die Teigecken darüberdecken, andrücken, mit Ei bestreichen. Aus der 5. Teigplatte 8 Plätzchen von 3 cm Durchmesser ausstechen, auf die Täschchen setzen, leicht andrücken und mit Ei bestreichen. Auf das Backblech verteilen, 15 Minuten ruhen lassen, bei 220 °C 20 Minuten backen. Aus dem Ofen nehmen, mit Puderzucker beschneien oder mit Zuckerglasur bestreichen.

Leipziger Lerchen
10 Stück

200 g Marzipanrohmasse
50 g Puderzucker
3 Eiweiß
1 Packung TK-Blätterteig, aufgetaut
Mehl
10 Blechförmchen, gefettet (Rosettenform, 4 cm Bodenbreite, 4 cm hoch, oben 8 cm breit)
10 Maraschinokirschen, abgetropft

Die Marzipanrohmasse mit Puderzucker und Eiweiß glattrühren, wenn Klümpchen entstehen, durch ein Sieb streichen.
Jede Teigplatte auf Mehl dünn zu einem Rechteck von 20 × 15 cm ausrollen und abmehlen. In der Mitte quer durchrädeln, aus jedem Teigstück mit dem Förmchen eine Rosette ausstechen und in das Förmchen eindrücken. 1 rote Kirsche hineinlegen, die Marzipanmasse bis 1 Fingerbreit zum oberen Rand darüberhäufen. Die Förmchen auf das Backblech (ohne Backpapier) setzen, 15 Minuten ruhen lassen. 30 Minuten bei 200 °C backen, zwischendurch nachschauen, wenn die Oberfläche zu stark bräunt, mit Alufolie abdecken.
Serviervorschlag: Mit Vanilleeis.

VOLLKORNBLÄTTERTEIG

Vollwert-Knuspergebäck

1 Packung TK-Vollkornblätterteig, aufgetaut
Vollkornmehl
1 Ei, aufgeschlagen
20 g gemahlener Mohn
20 g Sesamsamen
20 g Sonnenblumenkerne
20 g Kürbiskerne

2 Teigscheiben auf Mehl jeweils 30 cm lang und 15 cm breit ausrollen und abmehlen. In schmale Streifen oder kleine Würfel rädeln, mit Ei bestreichen und mit Mohn, Sesam, Sonnenblumen- und Kürbiskernen bestreuen. Mit dem Wellholz leicht darüberrollen, das Gebäck auf das vorbereitete Backblech verteilen und 15 Minuten ruhen lassen. Bei 200 °C 15 Minuten backen.

Mangotäschchen
10 Stück

Füllung
100 g Roquefort-, Gorgonzola- oder Bavaria-blu-Käse
1 reife Mango, geschält, entkernt und klein gewürfelt
1 Ei
4 EL Semmelbrösel
1 TL kandierter Ingwer, klein gewürfelt

1 Packung TK-Vollkornblätterteig, aufgetaut
Vollkornmehl
1 Ei, aufgeschlagen

Den Käse mit einer Gabel glattrühren, Mango, Ei, Semmelbrösel und Ingwer daruntermischen und 10 Minuten quellen lassen.
Jedes Teigblatt auf Mehl gleichmäßig dünn ausrollen und jeweils 2 Quadrate von 8 cm Seitenlänge ausrädeln. Abmehlen, in die Mitte 1 EL Füllung setzen und die 4 Ecken darüberklappen. Leicht andrücken und mit Ei bestreichen, die Täschchen auf das vorbereitete Backblech legen und 15 Minuten ruhen lassen. Bei 220 °C 20 Minuten backen.

Süße Quarktaschen   Foto
8 Stück

Quarkfüllung
250 g Magerquark
3 Eigelb, 2 EL Zucker
50 g Rosinen

1 Packung TK-Vollkornblätterteig, aufgetaut
Vollkornmehl
1 Ei, aufgeschlagen

Die Füllungszutaten mischen und 15 Minuten quellen lassen.
2 Teigscheiben auf Mehl jeweils 40 cm lang ausrollen und in 4 Quadrate (10 × 10 cm) rädeln. Abmehlen, mit Ei bestreichen, in die Mitte jedes Quadrats 3 EL Füllung geben. Die Quadrate zu Dreiecken zusammenklappen, die Ränder mit einer Gabel zusammendrücken. Mit Ei bestreichen und auf das vorbereitete Backblech verteilen. 20 Minuten bei 220 °C backen.

Blätterteig-Backstube 91

1 Teigränder mit Ei bestreichen,

2 Füllung in die Mitte setzen,

3 Teigecken darüberschlagen,

4 Teigränder mit Gabel eindrücken.

5 Die gebackenen Quarktaschen – ein saftiges Vollkorngebäck

Zweikörnervergnügen
8 Stück

Füllung
100 g Roggenkörner
100 g Weizenkörner
300 g neue Kartoffeln, ungeschält, geschrubbt, in dünne Scheiben geschnitten
20 g Butter
200 g Hopfensprossen oder Sojakeime
Kümmel
1 Prise Salz
50 g Zwiebelwürfel
⅛ l süße Sahne
2 EL Petersilie, gehackt

1 Packung TK-Vollkornblätterteig, aufgetaut
Vollkornmehl
1 Ei, aufgeschlagen

Für die Füllung die Körner über Nacht in kaltem Wasser einweichen. Am nächsten Tag mit dem Einweichwasser 30 Minuten leicht kochen, bis sie platzen. Die Kartoffeln in der Butter mit den Sprossen, Gewürzen, Zwiebeln und der Sahne fast weich dünsten. Erkalten lassen, grob hakken, mit den abgegossenen, abgetupften Körnern und der Petersilie mischen. Daraus 8 abgeflachte Kugeln formen.
4 Teigblätter jeweils auf Mehl 3 mm dünn ausrollen, quer durchrädeln, abmehlen und mit Ei bestreichen. In die Mitte 1 Füllungskugel legen, die Ecken darüberdecken und mit Ei bestreichen. Aus dem 5. Teigblatt mit einem gezackten Rundausstecher 8 Rundlinge ausstechen, auf jedes Täschchen setzen, mit Ei bestreichen, auf das vorbereitete Backblech setzen und 15 Minuten ruhen lassen. Bei 220 °C 20 Minuten backen.
Serviervorschlag: Frühlingskräutersauce (Seite 20) und Salat.

Kräuter-Käsecreme-Schnitten
10 Stück

Käsecreme
400 g Frischkäse
3 Eigelb
2 cl Kirschwasser
1 Prise Salz
1 Prise Zucker
3 EL Kapern, abgetropft, trockengetupft
1 EL frische Kräuter, gehackt
1 Tl. Paprikapulver, edelsüß

2 hartgekochte Eier, geschält, längs halbiert, jede Hälfte längs gedrittelt
5 gefüllte Oliven, in dünne Scheiben geschnitten

2 Packungen TK-Vollkornblätterteig, aufgetaut
Vollkornmehl
1 Ei, aufgeschlagen

Für die Füllung den Käse mit Eigelb und Kirschwasser cremig rühren, mit Salz und Zucker würzen, die Kapern und Kräuter untermischen. In 2 Portionen teilen und unter 1 Hälfte den Paprika mischen.
6 Teigplatten auf Mehl zu Rechtekken von 21 × 15 cm ausrollen, abmehlen, mit Ei bestreichen, auf das vorbereitete Backblech setzen und 15 Minuten ruhen lassen. Bei 200 °C 15 Minuten backen.

Mit einem feuchten Messer auf 2 Böden die weiße Creme verstreichen, jeweils mit 1 Platte abdecken, darauf die rote Creme streichen, etwas Creme zurücklassen. Wieder mit 1 Teigplatte abdecken und darauf dünn Käsecreme streichen. In den Kühlschrank stellen und 2 Stunden ziehen lassen. Jede Schnitte mit einem feuchten Messer in 3 cm breite Streifen schneiden. In die Mitte einen Klecks Käsecreme setzen, darauf 1 Eischeibe mit Oliven garniert drücken.

Polentakrüstchen
8 Stück

125 g Maisgrieß
½ l Wasser
1 Prise Salz
70 g Butter
100 g frische Austernpilze, grob gehackt
80 g Zwiebelwürfel
1 EL Kresse, gehackt

1 Packung TK-Vollkornblätterteig, aufgetaut
Vollkornmehl
1 Ei, aufgeschlagen

Den Maisgrieß in das leicht kochende Wasser mit Salz und 50 g Butter einrühren. Sachte weiterkochen lassen und dabei umrühren, bis sich die Masse vom Topf löst (dauert etwa 20 Minuten). In 20 g Butter die Pilze und Zwiebeln andünsten, salzen und die Kresse daruntermischen. Abkühlen lassen und mit der ebenfalls erkalteten Polenta mischen.
4 Teigblätter auf Mehl zu Quadraten von 10 × 10 cm durchrädeln, abmehlen und mit Ei bestreichen. Aus dem Polentabrei 8 Kugeln formen, abflachen und in die Mitte der Teigquadrate legen. Die Ecken darüberdrücken und mit Ei bestreichen. Die Taschen auf das vorbereitete Backblech verteilen und 15 Minuten ruhen lassen. Bei 220 °C 25 Minuten backen.

Olivendreiecke
20 Stück

Füllung

60 g gefüllte Oliven, klein gehackt
100 g rindenloses Weißbrot
3 EL saure Sahne
1 TL Petersilie, gehackt

1 Packung TK-Vollkornblätterteig, aufgetaut
Vollkornmehl
1 Ei, aufgeschlagen

Alle Zutaten für die Füllung mischen und 10 Minuten ruhen lassen. Daraus 20 Kugeln formen und abflachen.
Die Teigblätter auf Mehl dünn ausrollen, jeweils 2mal halbieren und abmehlen. Die Ränder mit Ei bestreichen, in die Mitte 1 Füllungskugel setzen, den Teig zum Dreieck zusammenklappen. Die Ränder andrükken, mit Ei bestreichen und 15 Minuten auf dem vorbereiteten Backblech ruhen lassen. Bei 220 °C 20 Minuten backen.
Serviervorschlag: Jedes Dreieck auf ein Blatt Chicorée legen, mit 1 Tomatenscheibe schmücken und mit gehackter Petersilie bestreuen.

Register

Ananas Alaska 53
Äpfel im Schlafrock 44
Apfelstrudel 69
Apfeltarteletts 84
Aprikosenhörnchen 80
Aprikosenvierecklinge 78
Auberginenüberraschung 50
Avocadokrüstchen 90

Bananen in Blätterteig 46
Bananenschnitten 82
Blätterteig
– Deutscher 10
– Echter 10
– Falscher 15
– Französischer 12
– Holländischer 14
Blätterteigpizza Romana 66
Blätterteigquadrate, Gebackene 76
Blätterteigschiffchen 73
Blätterteigtäubchen 49
Blitzblätterteig 14
Bratwurstbrättaschen 33
Brombeersauce 26

Champignonköpfe, Gefüllte 41
Champignonsauce
– Frische 25
– mit Madeira 24
Chatschapuri 73
Chicorée, gefüllt und gebacken 40
Cremeschnitten 81

Dattelsauce, Tunesische 25
Dillsauce 20
Dreifruchtknusperchen 89

Eiersauce mit Kräutern 21

Feines Ragout unter der Haube 51

Filet Wellington 38
Fischfilet mit Salbeifüllung in Blätterteig 28
Fleischhörnchen Lohengrin 32
Fleurons 74
Frühlingskräutersauce 20
Füllpastetchen, Runde 58

Geflügel-Reis-Strudel 64
Gemüsefüllung 61
Grünkerncremesuppe 48
Gurkensauce mit Dill
– Frische 20
– Saure 20

Hagebuttensauce 26
Hähnchenbrust Cordon bleu 40
Hähnchenragout 62
Hefeblätterteig 13
Himbeersauce 26
Honigmelone Eskimo 54
Hühnesuppe 48

Kalbfleischfüllung 61
Kapernsauce 20
Karpfenpie 53
Karotten-Tomaten-Sauce 21
Käsecroutons 74
Käsestangen 74
Käsetorte, Roses 72
Kerbelsuppe, Frische 49
Kirschsahnetorte, Amsterdamer 70
Kirschschnitten 80
Kirschstrudel 70
Königinpastete 56
Krabben-Reis-Täschchen Husumer Art 29
Kräuter-Käsecreme-Schnitten 92
Krüstchen mit Belag 76
Kurpflaumensauce 25
Kurpflaumenspitzen 46

Lachsgeschnetzeltes 61
Lachshörnchen »Solveig« 30
Lachsscheiben, mit Rosenkohl gefüllt 29
Leipziger Lerchen 89

Mangosauce 25
Mangotäschchen 90
Marzipanhörnchen 80
Marzipan-Mohn-Schnecken 77
Matjescremesauce 20
Meerrettichsauce 20
Mohnstrudel Thüringer Art 69
Moskauer Kohlstrudel 68

Nikolaitörtchen 84

Olivendreiecke 93

Pastetenhaus 58
Pfifferlinge in Blätterteigtaschen 41
Pfirsichhappen mit Sauerkirschen 81
Piroggen 34
Plunderteig 13
Polentakrüstchen 93
Prasselkuchen, Schlesischer 82
Preiselbeeren in Blätterteigtäschchen 45

Quarkapfelstrudel 69
Quarkblätterteig 15
Quark-Dill-Creme 24
Quark-Sahne-Sauce
– mit Frühlingszwiebeln 24
– mit Kräutern 24
Quarktaschen, Süße 91
Quittensauce 26
Quittenschleifchen 79

Register 95

Rehfilet Amor 37
Rhabarberpie 54
Rhabarbertorte 72
Riesenerdbeeren,
 Gefüllte 45

Salamipizzaletten 66
Sardellensauce 20
Schillerlocken 86
Schinkenfüllung 61
Schottischer Festtagspie 52
Schweinelendchen,
 Gefülltes, in Blätterteig 36
Schweinsöhrchen 88
Senfgurkensauce 20
Senfsauce 20

Spargel, Frischer, in
 Blätterteig 42
Spinatblätter, Gefüllte 42
Spinatpie 52
Splitterhörnchen 86
Steinpilzsuppe 48
Süße Senfsauce 26

Tarte tatin 70
Täschchen mit
 gekochtem Schinken 33
Tatar, Pikantes, in
 Blätterteig 32
Teezungen 88
Tomatensauce 20
– Kalte 21
Topfenstrudel 70
Tschebureki 30

Vanillebrezeln 79
Vanillehörnchen 80
Vol au vent 60
Vollwert-Knuspergebäck 90

Weihnachtsgebäck 88
Weinbrandfruchtsauce 26
Wildragout 62
Wildstrudel 64

Zimthörnchen 80
Zungenragout in
 Madeirasauce 62
Zweikörnervergnügen 92

Anregungen und Rezepte für Backfreunde

BLV Essen & Geniessen 506
Barbara Engelmann/
Ernestine und Irene Kohl
SELBER BACKEN
MIT VOLLKORN

Vollkorn in der Backstube ist längst kein Geheimtip mehr. Selbstgebakkene Brote, leckere Vollkornkuchen und -torten mit geschmacklich abgestimmten Füllungen und delikates Kleingebäck finden immer mehr Anhänger. Die Zutaten werden ebenso erklärt wie Backtechniken oder Getreidemühlen.

4. Auflage, 95 Seiten,
97 Farbfotos, 1 farbige Zeichnung

Heinz Diehsel
DAS BACKBUCH FÜR
1 + 2 PERSONEN

228 Rezepte für Kuchen, Torten, Brote in kleinen Formen

Für Leute, die gern »kleinere Brötchen« backen möchten: süße und pikante Bäckereien für kleine Haushalte. Ob Hefe- oder Mürbeteig, Strudel- oder Blätterteig, Biskuit- oder Baisermasse – bei jedem Rezept sind die Backzeiten für Elektro-, Gas- und Heißluftherd angegeben.

2. Auflage, 126 Seiten,
72 Farbfotos, 29 Zeichnungen

BLV Essen & Geniessen 513
Hans Karl Adam
WEIHNACHTLICHE
BÄCKEREI

Suchen Sie nach neuen, exquisiten Rezepten für Ihre Weihnachtsbäckerei? Dann ist dieses liebevoll gestaltete Backbuch genau das richtige für Sie! Der Bäcker und Konditor Hans Karl Adam stellt Ihnen Lebzelte und Honigkuchen, Spekulatius vom Rhein, Spezialitäten aus Schwaben und süße Herrlichkeiten aus Schlesien, Stollen, Striezel und Schittchen, Kostproben aus aller Herren Länder und Delikatessen mit Nüssen, Mandeln und Marzipan vor. Gewürze, »Back-Kniffe« und Aufbewahrungstips werden beschrieben.

3. Auflage, 95 Seiten, 14 Farbfotos, 25 farbige Zeichnungen

In unserem Verlagsprogramm
finden Sie Bücher zu folgenden
Sachgebieten:

**Garten und Zimmerpflanzen
Natur · Haus- und Heimtiere
Angeln, Jagd, Waffen · Sport
und Fitness · Pferde und Reiten
Wandern und Alpinismus
Auto und Motorrad
Essen und Trinken, Gesundheit
Basteln, Handarbeiten, Werken.**

Wünschen Sie Informationen,
so schreiben Sie bitte an:
BLV Verlagsgesellschaft mbH
Postfach 40 03 20
8000 München 40